Englisch mit LRS? – Yes you can!

Förderung von Lernenden mit einer
Lese-Rechtschreib-Schwäche im Englischunterricht

Zur Autorin:

Kathrin Treidel, geb. 1972. 2000 – 2004 Studium zur Sekundarschullehrerin phil I an der Pädagogischen Hochschule St. Gallen, Schweiz. 2019 – 2022 Studium zum Master of Arts in Special Needs Education an der Interkantonalen Hochschule für Heilpädagogik Zürich, Schweiz.

Seit 2004 unterrichtet sie neben Englisch auch Deutsch, Französisch und zeitweise auch Italienisch sowie Geschichte und Geografie auf allen Stufen der Sekundarschule. Im Rahmen ihrer Masterarbeit nutzte sie ihre Unterrichtserfahrungen aus der Arbeit mit jugendlichen Fremdsprachenlernerinnen und -lernern und verfasste nach intensivem Studium wissenschaftlicher Veröffentlichungen über die Lese-Rechtschreibstörung, bzw. -schwäche die hier vorliegende Handreichung. Es ist ihr Wunsch, auf diese Weise Lehrpersonen Ideen aufzuzeigen, wie Jugendliche trotz Lernschwierigkeiten erfolgreich eine Fremdsprache erlernen können.

Kathrin Treidel

Englisch mit LRS? – Yes you can!

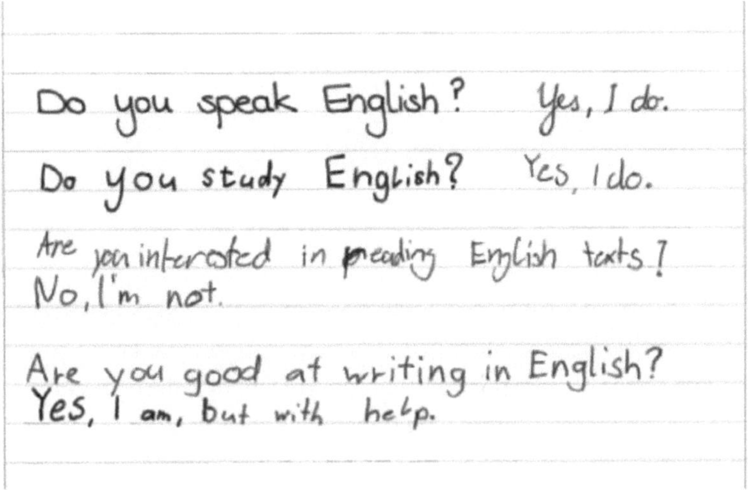

Do you speak English? Yes, I do.

Do you study English? Yes, I do.

Are you interested in reading English texts? No, I'm not.

Are you good at writing in English? Yes, I am, but with help.

Förderung von Lernenden mit einer Lese-Rechtschreib-Schwäche im Englischunterricht

Abb. 01: Auszug aus einer Gemeinschaftsübung (eigene Darstellung)

Bibliografische Information der Deutschen Nationalbibliothek:
Die Deutsche Nationalbibliothek verzeichnet diese Publikation in der
Deutschen Nationalbibliografie; detaillierte bibliografische Daten sind
im Internet über dnb.dnb.de abrufbar.

© 2022 Kathrin Treidel
Satz, Umschlaggestaltung, Herstellung und Verlag:
BoD – Books on Demand, Norderstedt
ISBN: 978-3-7543-6648-6
Grafik: SpicyTruffel/ Rido/ Shutterstock.com

Ziel der Handreichung

Diese Handreichung richtet sich an alle, die sich für das Thema «Umgang mit LRS im Englischunterricht» interessieren.

Mit der Handreichung werden folgende Ziele verfolgt:
· Verständnis schaffen, wie sich Lernende mit LRS im Englischunterricht fühlen.
· Bewusstheit schaffen, dass eine LRS nicht auch eine kognitive Beeinträchtigung bedeutet.
· Schulischen Heilpädagoginnen und Heilpädagogen Mut machen, auch im Fremdsprachenunterricht mitzuarbeiten.
· Lehrpersonen für Fremdsprachen im Umgang mit Lernenden mit LRS sensibilisieren.
· Mögliche konkrete Umsetzungsideen zur Entlastung von Schülerinnen und Schülern mit LRS im Englischunterricht aufzeigen.

Die vorliegende Handreichung
· führt in der Einleitung in die Situation von Lernenden mit LRS ein.
· erklärt in Kapitel 2 kurz, was LRS ist und was dies für den Schulalltag allgemein bedeutet.
· weist in Kapitel 3 auf die rechtlichen Grundlagen hin.
· informiert in Kapitel 4 darüber, was ein Nachteilsausgleich (NTA) ist und wie die Aufgaben eines schulischen Heilpädagogen, einer schulischen Heilpädagogin (SHP) aussehen können.
· stellt in Kapitel 5 Ideen zur Ermöglichung der Teilhabe von Schülerinnen und Schülern (SuS) vor.
· präsentiert in Kapitel 6 verschiedene Entlastungsmöglichkeiten für SuS mit LRS im Rahmen der auditiven Vermittlung,

Instruktionen und in Kapitel 7 Unterstützungsmöglichkeiten bei «Hör-Anlässen».

- greift in Kapitel 8 den Kompetenzbereich des Lesens in den Bereichen des Lesenlernens an sich auf, ebenso Trainings- und Übungsansätze sowie das verstehende Lesen.
- weist in Kapitel 9 auf die Wichtigkeit einer LRS-freundlichen Textgestaltung hin und legt in Kapitel 10 ein Augenmerk auf die Rolle des Schriftbildes.
- erläutert in Kapitel 11 den Sprachbereich «Sprechen» unter den Aspekten der Unterrichtssprache, der situativen Sprechanlässe und der Kommunikation. Zudem werden didaktische Unterstützungsangebote erläutert.
- thematisiert in Kapitel 12 das Erlernen des fremdsprachigen Wortschatzes.

Die zugrunde liegende Masterarbeit ermöglicht einen vertieften Einblick in die Thematik.

Inhaltsübersicht

Vorwort

Liebe Leserin, lieber Leser,

viele Menschen können jonglieren – fragen Sie mal in Ihrem Umfeld, Sie werden bestimmt den einen und die andere finden, die diese Kunst beherrschen. Sind Sie bereit, sich auf ein Gedankenspiel einzulassen?

Stehen Sie auf und schliessen Sie die Augen, damit Sie nicht abgelenkt werden. Stellen Sie sich vor, wie Sie mit Bällen jonglieren. Machen Sie sich bewusst, wie sehr Sie diese Kunst beherrschen wollen. Sie spüren mit jeder Faser Ihres Körpers, dass Sie dies wollen. So, nun lege ich Ihnen sechs Jonglierbälle in die Hände, drei in die linke, drei in die rechte Hand. Alles klar? Spüren Sie noch einmal intensiv, wie sehr Sie jonglieren wollen – und nun beginnen Sie!

Vermutlich hat es nicht funktioniert und die sechs Bälle sind schnell Opfer der Schwerkraft geworden – dabei haben Sie es doch so sehr gewollt, oder? Nicht? – Dann lassen Sie sich einfach sagen, wenn Sie nur richtig wollten, dann würden Sie es schaffen. Ich glaube, Sie haben gar nicht richtig gewollt. Sie müssen sich mehr anstrengen – mehr wollen. Los, probieren Sie es noch einmal! «Die spinnt!», denken Sie vermutlich und es stimmt, das Experiment ist völlig absurd.

Die sechs Jonglierbälle stehen für «Hören», «Lesen», «Sprechen», «Schreiben», «Sprache(n) im Fokus» und «Kulturen im Fokus». Jugendliche mit LRS fühlen sich im Englischunterricht in etwa so, wie Sie sich mit den sechs Bällen in den Händen gefühlt haben. Wie soll es zu schaffen sein, all dies in ein harmonisches, ausgeglichenes und regelmässiges Zusammenspiel zu bringen?

Anmerkung:

Auf der Internetseite des Starjongleurs, verfügbar unter http://
www.starjongleur.ch, findet man kurze Instruktionen, wie man
das Jonglieren erlernen kann: 1. Übung: mit einem Ball jonglieren,
2. Übung: mit zwei Bällen jonglieren, 3. Übung mit drei Bällen jonglieren. Jede Übung soll so lange geübt werden, bis man sich sicher
fühlt, und erst dann zur nächsten Übung übergehen.

1. Einleitung

Das Credo von Greene, dass Kinder ihre Sache gut machen, wenn sie können (2019, S. 27), führt vor Augen, wie wichtig es ist, die Schülerinnen und Schüler so zu begleiten, dass sie ihre Fähigkeiten selbst erkennen und entfalten können. Lernende mit einer Lese- und Rechtschreibschwäche (LRS) erfahren sehr früh in ihrer Schulzeit, wo ihre Stolpersteine sind, und sie merken auch, dass ihre Klassenkolleginnen und -kollegen sich im Lesen und Schreiben leichter tun als sie. Umso wichtiger ist es also, den Lernerinnen und Lernern **Möglichkeiten aufzuzeigen**, wie sie mit den für sie erhöhten Anforderungen umzugehen lernen, und vor allem auch, welche Unterstützungsmöglichkeiten es gibt, damit ihnen auch mit LRS die **Teilhabe am Unterricht**, am Alltag gelingt.

Im Unterricht wird erwartet, dass gut zugehört, der Text gelesen, zum Thema etwas gesagt, die Frage beantwortet wird und Notizen gemacht werden. Nur, was tun, wenn ich …

- … nichts verstehe? Nicht feststellen kann, wann ein Satz beginnt, wann ein Wort fertig ist?
- … keine Ahnung habe, wie die Worte klingen (sollten), gar nicht weiss, wie die Buchstabenkombinationen ausgesprochen werden?
- … das Wort, das ich sagen will, auf Englisch gar nicht kenne, keine Idee für eine Antwort habe, nicht weiss, wie ich einen Satz bilde?
- … etwas auf Englisch sagen könnte, aber keine Ahnung habe, wie ich das, was ich sagen möchte, schriftlich festhalten soll, ich gar nicht weiss, wie ich die Laute mit Buchstaben festhalte, und ich mir nicht sicher bin, wie viele Worte das sind, was ich da aufschreiben möchte?

Solche und andere ähnliche Gedanken könnten einem Jugendlichen mit LRS im Englischunterricht durch den Kopf gehen.

Hier kommen auch Lehrpersonen in eine Not, genau wie die Schülerinnen und Schüler (SuS) mit LRS und alle anderen in der Klasse. Die wundersame Lösung kann mit dieser Handreichung nicht geboten werden; aber sie soll Ideen bieten, die mit wenig Aufwand im Unterricht angewendet werden können, damit auch **langsame Englischlernerinnen und -lerner in der Klasse mitarbeiten** können. Zudem wird der Wunsch vertreten, dass auf diese Weise **schulische Heilpädagogen und -pädagoginnen** (SHP) auch im Englischunterricht vermehrt **eingesetzt werden**, weil sie «nützen». Dank ihrer Ausbildung im Bereich der **Diagnose** können sie eine Begründung für einen bestehenden Stolperstein bei einer Schülerin bieten. Auch können sie unter Umständen mit einer Gruppe **an einer Basiskompetenz arbeiten** oder ein Arbeitsblatt «LRS-freundlich» gestalten und so die **Lehrperson entlasten.**

Anmerkungen:
Bei der Schilderung von Unterrichtssituationen wird mal ausschliesslich die männliche, mal die weibliche Bezeichnung für die Lernenden gewählt; dies soll der Lesefreundlichkeit dienen und es sollen sich alle geschilderten Beispiele auf Mädchen und Jungs übertragen lassen.

Jeweils am Ende jedes Kapitels befinden sich Hinweise auf weiterführende Literatur zur angesprochenen Thematik.

Empfehlung für weiterführende Literatur:
Greene, R. W. (2019). *Verloren in der Schule. Wie wir herausfordernden Kindern helfen können* (2., überarb. Aufl.). Bern: Hogrefe.

Schulte-Körne G. & Thomé, G. (Hrsg.) (2011). *LRS-Legasthenie: interdisziplinär.* Oldenburg: isb. Institut für sprachliche Bildung.

2. Eine kurze Definition von LRS und ihre Bedeutung

Bereits in der Primarschule fällt ein Kind auf, wenn sich im Erstleseunterricht beispielsweise herausstellt, dass die Segmentierung von Wörtern eine Herausforderung darstellt oder beim Lesen die erforderliche Konzentrationsfähigkeit im Vergleich zu den Altersgenossinnen und -genossen deutlich kürzer ausfällt. Auch beim lautorientierten Schreiben fällt unter Umständen auf, dass die Phonem-Graphem-Beziehung eine Schwierigkeit darstellt, oder es werden Buchstaben vergessen, später Orthografieregeln nur ansatzweise angewendet. Diese Situationen treten meistens erst im Schulalltag auf und so ist es Aufgabe der Schule bzw. der Lehrpersonen, solche Herausforderungen bei den Schülerinnen und Schülern zu erkennen und entsprechend zu handeln. In den meisten Fällen werden die Schülerinnen und Schüler nach einer fundierten Abklärung durch Schulische Heilpädagoginnen und -pädagogen oder den Schulpsychologischen Dienst entsprechend begleitet, gefördert und unterstützt. Während die einen Primarschülerinnen und -schüler nach einer anfänglichen Unterstützungsphase gut allein zurechtkommen, benötigen andere über ihre ganze Schulzeit eine mehr oder weniger intensive Unterstützung. Diese kann durch die Lehrpersonen und/oder die schulischen Heilpädagoginnen und -pädagogen (SHP) erfolgen.

Es wird also dann von einer LRS gesprochen, wenn **Schwierigkeiten beim Lernen der Schriftsprache** auftauchen und die SuS in den Bereichen des Lesens und Schreibens gefördert werden müssen.

Schulte-Körne und Galuschka (2019) sprechen bei einer LRS von folgenden Zahlen: 2–9% der SuS haben eine Rechtschreibstörung, 4–7% eine Lesestörung und 2–6% eine Lese- und Rechtschreibstörung. Dies bedeutet für eine Klasse von 20 SuS, dass bis zu zwei Lernende mit LRS-Symptomen in den Reihen sitzen. Für zwei Sekundarschülerinnen bzw. -schüler hat folglich schon in der Primarschulzeit ein Leidensweg begonnen, der mit fortwährender Schulzeit immer steiler und steiniger wird, da zum einen die Wichtigkeit der Lesekompetenz immer mehr an Gewicht gewinnt und zum anderen die Anforderungen, die durch die LRS hervorgerufen werden, zu einer wachsenden **Diskrepanz zwischen dem Soll-Stand** im Bereich der **Lese-Rechtschreib-Fähigkeiten** und dem Ist-Stand führen.

Wenn ein Schüler am Anfang der ersten Sekundarklasse keine diagnostizierte LRS mitbringt, aber beim Lesen offensichtlich Mühe bekundet, so soll ihm geholfen werden. Es ist in einer solchen Situation die Aufgabe der Klassenlehrperson in Zusammenarbeit mit der/dem SHP, sich mit den Eltern und dem Jugendlichen zusammenzusetzen. Es gilt, in Erfahrung zu bringen, ob bereits eine Abklärung stattgefunden hat. Wenn nicht, kann in einem ersten Schritt die/der SHP einen normierten Test durchführen, der erste Rückschlüsse ermöglicht. Anschliessend gilt es in Kooperation aller Beteiligten, eine Bilanz zu ziehen und den Förderprozess zu initiieren. Aktuell gibt es nach Wissen der Autorin **kein Diagnoseinstrument**, das eine LRS und ihre **Auswirkungen auf das Englische als Zweitsprache evaluieren** lässt. So muss bei der Abklärung einer LRS auf ein Instrument zurückgegriffen werden, das für die deutsche Sprache entwickelt wurde.

Die Planung der Fördermassnahmen und die Evaluation können in die Hände der/des SHP gegeben werden, der/die durch die Ausbildung befähigt ist, zielführende Massnahmen einzuleiten. Bei der Ausführung sind die SHPs auf eine **gute Zusammenarbeit** mit allen Beteiligten, allen voran aber mit dem betroffenen Schüler oder der betroffenen Schülerin und mit der Fachlehrperson für Englisch angewiesen.

Empfehlung für weiterführende Literatur:

Gerlach, D. (2019). *Lese-Rechtschreib-Schwierigkeiten (LRS) im Fremdsprachenunterricht*, Tübingen: Narr Francke Attempto Verlag GmbH + Co. KG.

Schulte-Körne, G. & Galuschka, K. (2019). *Lese-/Rechtschreibstörung (LRS)*. Göttingen: Hogrefe Verlag GmbH & Co KG.

Schulte-Körne, G. & Thomé, G. (Hrsg.) (2011). *LRS-Legasthenie: interdisziplinär*. Oldenburg: isb. Institut für sprachliche Bildung.

3. Die rechtlichen Grundlagen

Im Lehrplan 21 des Kantons Thurgau wird darauf verwiesen, dass die Grundbildung durch den Besuch der Volksschule in der Bundesverfassung, Art. 62 verankert ist. Unter § 2 steht, dass der Kanton dafür zu sorgen hat, dass alle Kinder eine ausreichende Ausbildung erhalten, dass der Schulbesuch obligatorisch ist und für die Eltern keine Kosten verursachen darf, wenn die Kinder eine öffentliche Schule absolvieren. Im Bildungsauftrag der Volksschule wiederum wird festgehalten, dass die Volksschule die Schülerinnen und Schüler dabei begleitet, lebenstüchtige, verantwortungsbewusste und selbstständige Erwachsene zu werden. Damit dies erreicht werden kann, gilt es nach Lehrplan 21, die Chancengleichheit zu fördern und Diskriminierungen zu vermeiden. Auch ist die **Volksschule** verpflichtet, die **individuellen Lernvoraussetzungen zu beachten** und die Schülerinnen und Schüler entsprechend zu unterstützen und zu begleiten (ebd.).

Alle Pädagoginnen und Pädagogen sind gesetzlich verpflichtet, ihren Unterricht und ihre Prüfungssituationen entsprechend zu gestalten bzw. sich die entsprechenden Unterstützungen zum Beispiel durch die schulischen Heilpädagoginnen und -pädagogen zu organisieren.

Wichtig ist an dieser Stelle auch der Hinweis auf das Behindertengesetz der Schweiz. Dort wird in Artikel 2, Absatz 1 festgehalten, dass es allen möglich sein soll, den **Alltag mit seinen Anforderungen zu bewältigen**. Neben dem Lesen bringt auch das Schreiben Hürden mit sich, was zur Folge haben kann, dass es schwierig sein könnte, eine entlöhnte Arbeit zu verrichten und längerfristig für das eigene Leben aufzukommen (BEhiG Art. 2 Abs. 1).

Empfehlung für weiterführende Literatur:

Bundesverfassung, Art. 62 Schulwesen. Verfügbar unter
https://www.fedlex.admin.ch/eli/cc/1999/404/de#art_62

Lehrplan 21, Kt. Thurgau: https://tg.lehrplan.ch, Rechtliche Grundlagen
Amt für Volksschule des Kantons Thurgau, Lehrplan Volksschule Thurgau. (2016) *Englisch 1. Fremdsprache.* Kompetenzaufbau 3. Zyklus, Frauenfeld: Amt für Volksschule des Kantons Thurgau, tg.lehrplan.ch.

Bundesgesetz über die Beseitigung von Benachteiligungen von Menschen mit Behinderungen (Behindertengleichstellungsgesetz, BehiG): Bundeskanzlei (n.d.). *Bundesgesetz über die Beseitigung von Benachteiligungen von Menschen mit Behinderungen.* Verfügbar unter https://www.fedlex.admin.ch/eli/cc/2003/667/de

4.   Was ist ein Nachteilsausgleich (NTA)?

Eine diagnostizierte LRS ist nach dem Bundesgesetz über die Beseitigung von Benachteiligungen von Menschen mit Behinderungen (Behindertengleichstellungsgesetz, BehiG), Stand am 1. Juli 2020, eine Behinderung. In Paragraf 5 wird Folgendes festgehalten:

«Eine Benachteiligung bei der Inanspruchnahme von Aus- und Weiterbildung liegt insbesondere vor, wenn:
- die Verwendung behindertenspezifischer Hilfsmittel oder der Beizug notwendiger persönlicher Assistenz erschwert werden;
- die Dauer und Ausgestaltung des Bildungsangebots sowie Prüfungen den spezifischen Bedürfnissen Behinderter nicht angepasst sind.» (ebd.)

Ein Nachteilsausgleich (NTA) ist eine Anpassung des Unterrichtsangebots bzw. der Prüfungssituation, sodass der Lernsituation der Jugendlichen mit LRS Rechnung getragen wird bzw. der durch die LRS hervorgerufene Nachteil ausgeglichen wird. Dies kann auf verschiedene Arten geschehen, wobei jeweils die Individualität der SuS berücksichtigt wird. SuS bekommen zum Beispiel mehr Zeit, um eine (Prüfungs-)Aufgabe zu lösen, eine Prüfung kann anstatt schriftlich in einem mündlichen Setting abgelegt werden, (Prüfungs-)Unterlagen werden grafisch angepasst, die Rechtschreibung wird abgestuft bewertet oder es wird im Voraus definiert, welche Art von Fehlern berücksichtigt werden.

Wichtig ist, dass die Lernziele bzw. die Evaluierung des Stands der **Kompetenzen nicht angepasst** werden! Ein NTA wird aus diesem Grund auch **nicht im Zeugnis** festgehalten. Es geht lediglich darum, Hürden, die durch die LRS entstehen, zu senken oder gar zu entfernen, sodass die Schülerinnen und Schüler ihre **Fähigkeiten unter Beweis stellen** können.

Die Autorin, selbst Brillenträgerin, erklärt den NTA jeweils vereinfacht so: Einer Brillenträgerin wird in einer Prüfung auch nicht die Brille von der Nase genommen und erklärt, sie müsse nun die Aufgabenstellungen ohne Brille lesen, weil alle anderen Prüflinge ja auch keine Brille zur Verfügung hätten. Der NTA gleicht den Nachteil aus: Wer eine Brille benötigt, darf sie tragen. Wer mehr Zeit für eine Prüfungsaufgabe benötigt, bekommt sie.

Für Schülerinnen und Schüler mit LRS ist es wegweisend, dass alle Lehrpersonen, die sie unterrichten, wissen, was ein NTA ist und was mit einem NTA erreicht werden will. Es ist deshalb sinnvoll, wenn eine Fachperson wie die/der SHP ein entsprechendes Merkblatt für Lehrpersonen, die die betroffenen SuS mit LRS unterrichten, erstellt.

Im Folgenden wird ein Beispiel-Merkblatt für Lehrpersonen präsentiert und die Aufgabe von SHP im Zusammenhang mit dem NTA beschrieben.

4.1 Beispiel für ein Merkblatt zuhanden von Lehrpersonen

LRS- NTA

Allg. Bemerkung zum NTA

SuS ist der Umgang mit NTA-SuS aus der Primarschulzeit vertraut; es reicht, wenn die KLP bei der ersten Prüfung die Situation in einem Nebensatz erwähnt (Stigmatisierung unbedingt vemeiden!). Es gibt in der Primarschule in fast jeder Klasse immer wieder SuS mit Sondersettings.

LRS – Behinderung

Im rechtlichen Sinn handelt es sich um eine Behinderung (gemäss Definition im Behindertengleichstellungsgesetz [BehiG Art. 2. Abs. 1.])

Mögliche Auswirkungen bei einer LRS nach Fächern

Alle Unterrichtsfächer: Lesen und Schreiben, - auch in Prüfungssituationen

Wichtig: viele RS-Fehler bedeuten nicht unbedingt auch eine kognitive Einschränkung!

Nachteilsausgleich (NTA)

SuS mit einer ensprechenden Diagnose, einem Attest einer Fachstelle haben das Recht auf einen NTA.

Anpassung der Form der Aufgabenstellung, bzw. der Prüfung

Ziel: Nachteil der Behinderung soll ausgeglichen, verringert werden können -> Beachtung der individuellen Situation des SuS

Wichtig: Lernziele werden nicht angepasst! Deshalb darf der Nachteilsausgleich im Zeugnis nicht erwähnt werden.

NTA vs Fördermassnahmen

NTA	Fördermassnahmen
Schwierigkeiten, die durch die LRS bedingt sind, sollen durch Anpassungen beseitigt, verringert werden. SuS sollen ihr Wissen und Können ohne zusätzliche Hindernisse zeigen können	RS, Lesen verbessern

Prüfungssituationen

Zeit:

Prüfung soll innerhalb einer Lektion gelöst werden können. SuS kann z.B. im Gruppenraum etwas früher damit beginnen und/oder etwas länger daran arbeiten. Zu Beginn kann mal mit 10 Min. mehr Zeit begonnen werden und nach 2-3 Prüfungen mit der SuS besprochen werden, wie es weiter gehen soll.

Aufgaben lesen:
Anfangs der Prüfung mit der Klasse die Prüfung gemeinsam durchlesen, Fragen klären. SuS mit LRS und auch alle anderen können Schlüsselbegriffe mit Leuchtstift markieren.

Schriftlichkeit:
Es kann sinnvoll sein, den SuS bei schriftlichen Arbeiten mit dem iPad/Notebook schreiben zu lassen.

An Aufnahmeprüfungen kann der NTA geltend gemacht werden. Abnehmende Schulen müssen aufgrund des Behindertengesetzes darauf eingehen.

Angebot
SHP kann eine Prüfung mündlich abnehmen, z.B. mittels einer Aufnahme, die der LP zugestellt wird oder mittels notierter Antworten durch die SHP.

Abb. 02: Merkblatt LRS-NTA (eigene Darstellung)

Empfehlung für weiterführende Literatur:

Deutschschweizer Logopädinnen- und Logopädenverband – DLV. (2015). *Positionspapier. Nachteilsausgleich bei Lese-Rechtschreibstörungen (LRS) auf der Primar- und Sekundarstufe.*
Verfügbar unter https://www.logopaedie.ch/sites/default/files/u802/Posi-Papiere/DLVD_Positionspapier.Nachteilsausgleich.pdf

4.2 Was ist die Aufgabe der/des SHP?

Schulische Heilpädagoginnen und -pädagogen (SHPs) sind Lehrpersonen, die **Unterrichtserfahrung als Lehrpersonen** mitbringen und sich zugunsten von Schülerinnen und Schülern, die Schwierigkeiten mit dem Schulstoff haben und/oder körperliche Beeinträchtigungen mitbringen, weitergebildet haben. Im Rahmen ihrer Ausbildung haben SHPs gelernt, SuS mit Schwierigkeiten **im Schulalltag zu begleiten** und zu beraten. Auch der Einsatz von Testinstrumenten, um SuS abzuklären, ist ihnen vertraut.

Als SHP ist man auch in der Funktion des Sprachrohrs für die Jugendlichen mit LRS im Schulleben unterwegs. Es hat sich deshalb bewährt, zu Beginn des Schuljahres das Jahrgangsteam, bei welchem der Schüler, die Schülerin mit LRS den Unterricht besuchen wird, zu einer kurzen Besprechung einzuberufen. Anwesend sollten nicht «nur» die Klassenlehrperson und die Sprachlehrpersonen sein, «weil ja vor allem bei ihnen geschrieben wird» – wie häufig geäussert wird. Die SHPs sollen wirklich das Ziel verfolgen, möglichst **alle betroffenen Lehrpersonen ins Boot** zu holen. Den Klassenlehrpersonen bietet die/der SHP jeweils zur Entlastung an, sie bei der Umsetzung und regelmässigen **Evaluierung des NTAs** bzw. den entsprechenden Massnahmen zu begleiten. Fachlehrpersonen profitieren von der **Unterstützung durch SHPs**, indem sie ihnen zum Beispiel bei der **Unterrichtsgestaltung oder der Ausarbeitung von Unterlagen** behilflich sein können. Im Rahmen einer Zusammenarbeit zwischen allen Beteiligten ist es gut, wenn die/der SHP auch zu den Standortgesprächen mit den Eltern und den Jugendlichen eingeladen wird.

Die SHPs begleiten und unterstützen die Lehrpersonen, damit diese die Lernenden mit LRS fördernd und bestärkend begleiten können. Aber die SHPs begleiten auch die Schülerinnen und Schüler mit LRS im Schulalltag, indem sie mit ihnen **an Lerntechniken arbeiten**, ihnen aufzeigen, wie sie trotz ihrer Schwäche erfolgreich dem Sprachunterricht folgen und Fremdsprachen erlernen und Freude daran haben können.

Auch am **Schriftbild** kann mit der SHP gearbeitet werden. Die Autorin trifft immer wieder SuS an, die Buchstaben wie das kleine F (f) von unten nach oben schreiben oder das kleine G (g) nicht über die Grundlinie hinunterziehen und schon ähnelt das kleine F (f) einem kleinen T (t) und das kleine G (g) einem a. Bei Schülerinnen und Schülern kann es auch zutreffen, dass die Automatisierung des Schreibens bzw. des Ausführens der Buchstaben noch nicht gesichert oder falsch verinnerlicht ist.

Hier können SHPs eingesetzt werden. Während die Lehrperson die Klasse Karteikarten für das Erlernen des Wortschatzes schreiben lässt, kann der/die SHP mit den Jugendlichen mit LRS Karteikarten schreiben und hat gleichzeitig die Möglichkeit, die SuS für ihr Schriftbild zu sensibilisieren und daran zu arbeiten.

5. Teilhabe am Unterrichtsgeschehen im (Fremd-)Sprachenunterricht

Im Fremdsprachenunterricht auf der Sekundarschulstufe wird mehrheitlich in der Zielsprache gesprochen, in allen anderen Schulfächern wird in Standarddeutsch unterrichtet. Der Anfang einer Schulstunde beginnt meist mit einer Einführung bzw. der Wiederaufnahme der Thematik der vorangegangenen Schulstunde, die evtl. mehrere Tage zurückliegt. Häufig findet dies auf mündlicher Ebene statt, um alle Schülerinnen und Schüler ins Boot zu holen und sie auch langsam wieder in der entsprechenden Fremdsprache ankommen zu lassen.

Für die Jugendliche mit LRS bedeutet dieser Einstieg in den Unterricht, in welchem Mündlichkeit vorherrscht, dass sie sich gut konzentrieren muss, aber auch leichter abzulenken ist, schliesslich macht hohe Konzentration müde.

Wenn man nun zudem berücksichtigt, dass die Jugendliche Schwierigkeiten hat zu erkennen, wann ein Wort aufhört und das nächste anfängt, wird schnell klar, dass es für sie eine grössere Herausforderung ist, dem Unterrichtsgeschehen zu folgen – sei es auf Deutsch oder Englisch, die Herausforderung ist ungleich grösser als bei einem Klassenkameraden, der im Bereich der auditiven Wahrnehmung keine nennenswerten Schwierigkeiten bekundet.

Wie kann sie unterstützt werden, damit sie dem Unterricht folgen kann, die Fachlehrperson nicht einen übermässig grossen Mehraufwand hat und die Jugendliche auch nicht stigmatisiert wird?

Empfehlung für weiterführende Literatur:

Hallet, W., Königs, F. G. & Martinez H. (Hrsg.) (2020). *Handbuch Methoden im Fremdsprachenunterricht*. Hannover: Kallmeyer in Verbindung mit Klett, Friedrich Verlag GmbH.

Michalak, M. & Rybarczyk, R. (Hrsg.) (2015). *Wenn Schüler mit besonderen Bedürfnissen Fremdsprachen lernen*. Weinheim und Basel: Beltz Juventa.

Surkamp, C. (Hrsg.) (2017). *Metzler Lexikon Fremdsprachendidaktik. Ansätze – Methoden – Grundbegriffe* (2. Aufl.). Stuttgart: Springer-Verlag GmbH.

6. «Hör-Unterstützungen»

6.1 Indikatorenkarten

Damit der Jugendliche mit LRS dem Unterricht folgen kann bzw. nach einem «Abhängen» den Wiedereinstieg wieder finden kann, hilft **visuelle Unterstützung**.

Die Autorin arbeitet dafür mit den unten abgebildeten Indikatorenkarten. Diese können verschieden eingesetzt werden. Sie hat gute Erfahrung gemacht, wenn sie das Programm der Lektion jeweils an einer Tafel oder auf einem Flipchart festhält. Dazu werden jeweils die Symbolkarten aufgehängt. Sie dienen dem Jugendlichen als optische Stütze, ohne dass er zuhören oder lesen muss. Ein angenehmer Nebeneffekt ist zudem, dass zum Beispiel auch Jugendliche mit ADHS von diesem Hilfsmittel profitieren.

Abb. 03: Indikatorenkarten, teilw. übernommen von Wöske (2019, S. 82)

6.2 Rituale

Weiter bewährt es sich, wenn im Unterricht gewisse **Rituale** ihren Platz haben. Die Lehrperson kann ganz nach ihren Zielen Rituale einführen. Die Autorin erlebt, dass ein immer gleicher Lektionsbeginn Ruhe in die Anfangsphase bringt. So kann zum Beispiel jeweils anfangs Lektion kurz über das Tageswetter gesprochen werden, anschliessend wird das Datum schriftlich im Heft festgehalten. Der Wortschatz zum Wetter kann mithilfe von Bildern gut sichtbar im Schulzimmer aufgehängt sein.

Abb. 04: Wetterbilder (eigene Darstellung)

Repetitive Handlungen erlauben es der ganzen Klasse, die vielleicht aus dem Sport, dem Französischunterricht oder der Mathestunde kommt, im Englischunterricht «anzukommen». Anschliessend kann das Programm der Schulstunde an der Tafel, dem Flipchart besprochen und mit den Symbolkarten versehen werden. Dies soll in der Zielsprache stattfinden. Da es sich um eine «Unterrichtstradition» handelt, werden früher oder später alle Klassenmitglieder den Ablauf verstehen und sich aktiv beteiligen können.

6.2 Standard-Wortschatz, schülerinnen- und schülergerechte Etymologie und Eselsleitern

Hilfreich ist, wenn die Lehrperson im Rahmen der Rituale einen **Standard-Wortschatz repetitiv verwendet.** So haben auch schwächere Lernerinnen und Lerner die Möglichkeit, Schlüsselbegriffe zu verinnerlichen. Wichtig ist selbstverständlich, dass die Jugendlichen den Wortschatz beherrschen, um beispielsweise über das Wetter zu reden. Der/die SHP kann mit den langsamen Lernerinnen und Lernern am Grundwortschatz arbeiten, während die starken Englischlernerinnen und -lerner mit der Zeit präzisere Bezeichnungen oder Redewendungen über das Wetter lernen. Auch die Monate werden Schritt für Schritt gelernt. Im Schulzimmer der Autorin hängt jeweils eine Wochenübersicht an einer Wand, an der wichtige Termine der Schulwoche festgehalten werden. Dort stehen die Wochentage nicht auf Deutsch, sondern auf Englisch; zudem hat jeder Wochentag seine Farbe. So kann zur Not auch mal auf die Farbe zurückgegriffen werden. «Next Monday, – the blue day, ... we will have a visitor in our class.» Es hat sich bewährt, auch hier anfangs Schuljahr die farbigen Karten zu erstellen, sodass sie ohne Aufwand immer wieder eingesetzt werden können.

Den Zusatztag «holiday» hat die Autorin vor einigen Jahren zum einen aus Phonem-Graphem-Aspekt dazugenommen, zum anderen, weil die Wortzusammensetzung von «holy» und «day» für die Jugendlichen inhaltlich einleuchtend erklärt werden kann. Nur, warum wird aus «holy» «holi»? Vermutlich, weil das Wort aus dem Altenglisch hāligdæg stammt (https://www.lexico.com). Im Schulalltag erklären die SuS gerne, dass die Ferien mal wieder zu kurz waren oder dass sie sich von Schulferien zu Schulferien durchhangeln. Kleingeschrieben wird das Wort, weil es sich dabei nicht um einen Eigennamen handelt. Das kann gut erklärt werden. Die Eselsleiter dazu lautet: Da Ferien bekanntlich immer zu kurz sind, wird das Wort kleingeschrieben.

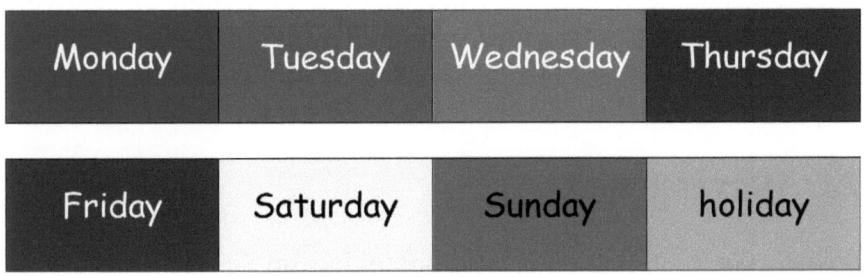

Abb. 05: Wochentage (eigene Darstellung)

Empfehlung für weiterführende Literatur:

Wöske, H., (2019) *Easy English Lessons, Teaching Basics.* Methodisch-didaktische Handreichung mit Unterrichtsmaterialien, 6. Auflage, Hamburg: Persen-Verlag

7. «Hör-Anlässe» im Fremdsprachenunterricht

Ein wichtiger Bereich, an welchem im Schulalltag gearbeitet wird, ist das Hören, welches für die Kommunikationsanlässe massgebend ist. Beim Zuhören geht es darum, die Laute wahrzunehmen, das Wort zu erkennen und daraus die Bedeutung abzuleiten bzw. herzustellen (Hallet, Königs & Martinez, 2020, S. 158). Diese vielseitigen Ansprüche stellen hohe Anforderungen, die das Arbeitsgedächtnis erfüllen muss, um ein Verständnis des Gehörten zu ermöglichen.

7.1 Hörverstehen

Das Hörverstehen ab einer Audiodatei hat im Schulalltag sowohl in den Schulstunden als auch in Prüfungssituationen einen hohen Stellenwert. Wann werden wir **in unserem Alltag mit reinen Höranlässen** konfrontiert? «Am Bahnhof oder am Flughafen, im Einkaufszentrum, beim Radio- oder Hörbuchhören, in öffentlichen Verkehrsmitteln», ist man geneigt zu sagen. Allerdings handelt es sich weder am Bahnhof, am Flughafen noch im Einkaufszentrum um reine Höranlässe. Als anwesende Person ist man auch Teil des Anlasses: Wird am Bahnhof eine Gleisänderung bekannt gegeben, so strömen viele Pendler von Gleis 2 nach der Durchsage auf Gleis 9. Auch wenn wir die Durchsage, aus welchen Gründen auch immer, nicht verstanden haben, so nehmen wir optisch wahr, dass Bewegung in die Leute gekommen ist. Dies gibt mir die Möglichkeit zu agieren bzw. zu reagieren. Habe ich im Hörbuch etwas verpasst oder vergessen, dann kann ich einfach so weit zurückgehen, bis ich den Anschluss an die Geschichte wieder habe. Allein am Radio kann ich nicht auf das Verpasste zurückgreifen. Wie bringen wir also **realitätsnahe Hörsituationen ins Schulzimmer?** Wir bringen

Bild und Ton zusammen; genauso wie wenn wir nach einer Durchsage zu einer Gleisänderung am Bahnhof auch mitten in Bild und Ton «stecken».

Für eine Schülerin, die mit der auditiven Wahrnehmung Schwierigkeiten hat, stellt die **Kombination von Bild und Ton** eine Entlastung dar und sie ist auch **realitätsnäher**. – Warum sollte man sich dann nicht von den reinen Hördateien verabschieden?

7.2 Lebensrealität im Hörverständnis oder eine Machtdemonstration?

Anlässlich einer Hörverständnisübung oder einer -prüfung sollen meist Aussagen als richtig, falsch bzw. nicht bekannt angekreuzt oder Fragen beantwortet werden.

Wenn ein Höranlass als Übung oder als Prüfung vorbereitet wird, ist es wichtig, dass sich die Lehrperson bzw. die SHP über die möglichen Hürden für SuS mit LRS im Klaren ist. Dafür ist es hilfreich, wenn die vorbereitende Person sich überlegt, wann sie selbst konzentriert zuhört. Vermutlich in dem Moment, in welchem sie etwas erfahren will, eine Frage gestellt hat oder etwas wissen möchte, ohne dass sie konkret gefragt hat. Dies bedeutet, die **eigene Frage** an sich ist der zuhörenden Person **bekannt**.

Auf diesem Hintergrund ist es realitätsnah, wenn den SuS mit und ohne LRS die Fragestellungen, die sie anlässlich eines Höranlasses beantworten sollen, bekannt sind. Das **Frageblatt** soll also **vor dem eigentlichen Höranlass** abgegeben werden. Wird das Frageblatt im Vorfeld abgegeben, so haben die SuS **Zeit, die Aussagen bzw. Fragen durchzulesen**.

Nun stellt sich die Frage, ob die Fragen auf Deutsch oder auf Englisch gestellt werden sollen. In einem Höranlass geht es darum, dass die Lehrperson erfährt, ob die SuS dem Inhalt einer mündlichen Kommunikationssituation folgen können. Die Gedanken der deutschsprachigen Zuhörerinnen und Zuhörer zum Inhalt finden am ehesten auf Deutsch statt. Also erachtet es die Autorin als sinnvoll, auch die **Fragen in deutscher Sprache** zu stellen. Alle Jugendlichen sollen die gleichen Voraussetzungen haben, wenn sie eine Prüfung ablegen. Deshalb ist es wichtig, dass die durchführende Lehrperson sicherstellt, dass alle SuS die Fragen im Vorfeld **in aller Ruhe durchlesen** konnten.

Auch die **Antworten** sollen **auf Deutsch** beantwortet werden dürfen. Im Weiteren sollte es, vor allem auch für SuS mit LRS, erlaubt sein, **in Stichworten** zu antworten, da SuS mit LRS oft langsamer schreiben als ihre Peers.

Sind die Fragen auf Englisch gestellt und müssen auch die Antworten in der Fremdsprache beantwortet werden, so müssen die SuS mehrfach vom Englischen ins Deutsche übersetzen, was eine zusätzliche Herausforderung darstellt: Die Fragen werden auf Englisch gelesen und in Gedanken ins Deutsche übersetzt; während des Höranlasses werden die Informationen auf Englisch gehört und im Kopf auf Deutsch festgehalten. Beim Lesen der Fragen werden die Informationen, die auf Deutsch im Kopf behalten werden, wieder ins Englische übersetzt, damit die englische Frage mit der möglichen Antwort abgeglichen werden kann.

7.3 Ein mögliches didaktisches Vorgehen

Die Autorin hat bei der Arbeit mit Jugendlichen mit LRS mit folgendem Vorgehen gemäss Abbildung gute Erfahrungen gemacht:

Vorbereitung auf ein Hörverständnis

1. **Thema**:

   Mindmap mit englischen und
   deutschen Wörtern erstellen.

2. **Frageblatt** betrachten:

   a. Schlüsselbegriffe markieren.

   b. Ankreuzen oder Antworten aufschreiben?

   c. Deutsch oder Englisch?

3. Hörverständnis wird abgespielt.

Abb. 06: Plakat zur Vorbereitung auf ein Hörverständnis (eigene Darstellung)

Die **Thematik des Hörverständnisses** wird als Vorbereitung kurz aufgegriffen, es wird der thematische **Wortschatz auf Englisch und Deutsch** mündlich und schriftlich besprochen, ohne dass über den Inhalt des anstehenden Höranlasses gesprochen wird. Hier hat sich der Einsatz eines **Mindmaps** bewährt. Für dieses Preteaching ist es möglich, die SHP einzusetzen, um mit den betroffenen SuS mit LRS im Rahmen einer Prüfungsvorbereitung vorentlastend den vorkommenden Wortschatz zu erarbeiten.

Anschliessend werden die **Behauptungen bzw. Fragen** von der Lehrperson oder der SHP **vorgelesen**; die Jugendlichen haben das entsprechende Prüfungsblatt vor sich. Sie lesen mit und markieren für sich den jeweiligen **Schlüsselbegriff.** So soll gesichert werden, dass mithilfe dieses Worts die Behauptung oder Frage zeitnah wiedergefunden wird.

Erst nach diesen Vorbereitungen beginnt der eigentliche Hörinput oder der Hör-/Bildinput (Filmsequenz). Es zahlt sich aus, dieses Vorgehen zu **ritualisieren.** Ein wiederkehrender Ablauf in einer Prüfungssituation bringt für alle Schülerinnen und Schüler Ruhe, Vertrautheit und Sicherheit.

Sollen die Fragen zum Höranlass in der Zielsprache oder auf Deutsch gestellt werden? Die Autorin vertritt aufgrund der Realitätsnähe den Standpunkt, die Fragen und auch die **Antworten** sollen während der Volksschulzeit **auf Deutsch** formuliert werden.

Man denke sich in Australiens Outback in ein Roadhouse. Das Auto soll getankt, gleichzeitig sollen auch Einkäufe getätigt werden und man möchte auch noch erfahren, wie die Strassenverhältnisse etwas weiter südlich sind. Nach dem Austausch mit den Betreibern des Roadhouse sitzt man wieder im Auto und fährt los. – In welcher Sprache denkt man dann über die erhaltenen Informationen, das Gespräch im Roadhouse nach oder bespricht sich mit der Reisebegleitung? Mit grosser Wahrscheinlichkeit nicht in der Fremdsprache.

Empfehlung für weiterführende Literatur:

Hallet, W., Königs, F. G. & Martinez H. (Hrsg.). (2020). *Handbuch Methoden im Fremdsprachenunterricht.* Hannover: Kallmeyer in Verbindung mit Klett, Friedrich Verlag GmbH.

8. Lesen

Im Leseunterricht der ersten Primarklasse verstehen die Kinder meistens sehr schnell den Zusammenhang von Graphemen und Phonemen. Es scheint ihnen einzuleuchten, dass die mündliche und die schriftliche Sprache eng verbunden sind, dass sich Worte in Phoneme bzw. Grapheme aufsplitten lassen, und auch, dass sich Worte reimen. Diese Erkenntnisse werden **phonologische Bewusstheit** genannt. Entdecken Kinder die Buchstaben und die Tatsache, dass sich diese zu Lauten zusammenführen lassen, können sie aus einzelnen Buchstaben Wörter bilden. Sie beherrschen damit das phonologische Recodieren. Je geübter die Primarschülerinnen und -schüler sind, desto grösser ist ihre Leseflüssigkeit und mit der Zeit muss keine Recodierung mehr stattfinden, dann ist das Lesen eines Wortes vollständig automatisiert. Je mehr **Wörter automatisch abgerufen** werden können, desto höher wird die **Lesegeschwindigkeit** bzw. desto grösser ist die Leseflüssigkeit.

Fällt Kindern das Verbinden von Phonemen und Graphemen schwer, weil die phonologische Bewusstheit nicht gesichert ist oder die **phonologische Recodierung** eine grosse Herausforderung darstellt, müssen sie länger als ihre Klassenkolleginnen und -kollegen Buchstabe an Buchstabe setzen und diese in Laute umsetzen. Ihr Lesen ist nicht gleich flüssig und sie sind deshalb schon früh langsame Leserinnen und Leser. Zudem wird ihre Konzentration stärker vom «Entziffern» beansprucht, weshalb sie sich weniger auf den Inhalt des Textes einlassen können. Lesen birgt für diese Leserinnen und Leser **grosse Anstrengungen** und deshalb lesen sie oft nicht sehr gerne und gehen dieser Aktivität aus dem Weg, wenn sich die Gelegenheit bietet.

8.1 Lesen im englischen Fremdsprachenunterricht

Deutsch und Englisch sind beides Alphabetschriften, bei denen ein direkter Zusammenhang zwischen Graphemen und Phonemen besteht. Dies führt dazu, dass die kognitiven Abläufe beim Lesen in beiden Sprachen ähnlich sind (Gerlach, 2019, S. 40). Nichtsdestotrotz hilft das Leserinnen und Lesern mit LRS nicht sehr viel, sie werden mit ähnlichen Herausforderungen wie im Deutschen konfrontiert.

Beim Erlernen des Englischen kommt nun eine neue und doch altbekannte Schwierigkeit an die Oberfläche. Die Grapheme an sich sind bekannt, nur bringen sie eine neue bzw. andere Klanggestalt mit. Nicht jedes englische Phonem hat ein Pendant in der deutschen Sprache. Die meisten Konsonanten werden in beiden Sprachen ähnlich ausgesprochen. Im Folgenden werden die der Autorin bekannten Ausnahmen erwähnt.

Im Englischen sind p, t und k stimmlos (voiceless); b, d und g werden als stimmhaft (voiced) bezeichnet, was auch auf die Bedeutung einiger Wörter einen sinnbestimmenden Einfluss hat (König & Gast, 2018, S. 10). Es ist also aufgrund der unterschiedlichen Bedeutungen je nach Aussprache von p, t, k bzw. b, d oder g in einem Gespräch wichtig, dass die erwähnten Konsonanten stimmlos bzw. stimmhaft ausgesprochen werden, um Missverständnisse auszuschliessen.

Tab 01: Vergleich von Wörtern mit stimmlosen bzw. stimmhaften Konsonanten (eigene Zusammenstellung)

Deutsch	Englisch		Englisch	Deutsch
abgeneigt	loath	vs	to loathe	verabscheuen
Etui	sheath	vs	unsheathe	etwas zum Vorschein bringen

Zähne	teeth	vs	to teethe	zahnen
Kranzge-binde	wreath	vs	to wreathe	etwas winden

Handkehrum klingen verschiedene Grapheme, die zum Wortschatz gehören, den die Jugendlichen oft erlernen, wie ein einziges Phonem.

Hier werden zur Veranschaulichung einige Beispiele inkl. der deutschen Übersetzung aufgeführt, um den grossen Unterschied der Schreibweise und der Bedeutung vor Augen zu führen.

Tab 02: Vergleich von verschiedenen Graphemen zu einem Phonem (eigene Zusammenstellung)

Deutsch	Englisch		Englisch	Deutsch
ich	I	vs	eye	Auge
ass	ate	vs	eight	acht
sein	be	vs	bee	Biene
tschüss	bye	vs	buy	kaufen
für	for	vs	four	vier
treffen	meet	vs	meat	Fleisch
sehen	see	vs	sea	Meer
Wald, Holz	wood	vs	would	würde

Auch die Vokale bringen ihre Tücken mit. Den sechs Phonemen im Englischen stehen mehrere Grapheme gegenüber:

Tab. 03: long vowels (Hudson, 2021)

/iː/	sh<u>ee</u>t, l<u>ea</u>f, n<u>ie</u>ce
/uː/	f<u>ew</u>, m<u>oo</u>d, tw<u>o</u>
/əː/	f<u>ir</u>st, b<u>ur</u>n, w<u>or</u>st

/ɔː/	f<u>a</u>ll, p<u>aw</u>, s<u>or</u>t
/ɛː/	d<u>are</u>, h<u>air</u>, b<u>ear</u>
/ɑː/	f<u>ar</u>, p<u>a</u>lm

8.2 Lesen trainieren

Es lässt sich vermuten, dass ein Schüler, der sehr langsam liest, durch die **fehlende Automatisierung der Graphem-Phonem-Zuordnung** ausgebremst wird, oder aber, dass er Mühe beim Speichern des phonologischen Codes hat.

Aus diesem Grund ist es sinnvoll, mit ihm das Schnelllesen zu trainieren. Für das Training eignen sich zum einen die 100 am häufigsten verwendeten, meist inhaltlosen Wörter (EF Education First, 2021) und zum anderen Wörter zum aktuellen Thema der Englischstunden.

Die 100 am häufigsten verwendeten Wörter auf Englisch

a	he	now	they
about	her	of	thing
all	here	on	think
also	him	one	this
and	his	only	those
as	how	or	time
at	I	other	to
be	if	our	two
because	in	out	up
but	into	people	use

but	into	people	use
by	it	say	very
can	its	see	want
come	just	she	way
could	know	so	we
day	like	some	well
do	look	take	what
even	make	tell	when
find	man	than	which
first	many	that	who
for	me	the	will
from	more	their	with
get	my	them	would
give	new	then	year
go	no	there	you
have	not	these	your

Abb. 07: Die 100 am häufigsten verwendeten Wörter (EF Education First, 2021)

Die Wörter sollen vom Schüler auf **Karteikarten** notiert werden: pro Karte ein Wort. Auf diese Karten wird zu einem späteren Zeitpunkt aufgebaut, d. h., der Schüler wird über längere Zeit damit arbeiten. Es ist darauf zu achten, dass die Wörter **fehlerfrei** geschrieben werden, und auch auf das **Schriftbild** soll ein Augenmerk gehalten werden.

Es bewährt sich, wenn auch der/die SHP bzw. die Lehrperson entsprechende Karten besitzt und diese zu Übungszwecken immer mal wieder einsetzt.

8.3 Trainingseinheiten

Nachfolgend werden kurze Trainingsmöglichkeiten beschrieben:
   Die Karteikarten werden gemischt und auf einen Stapel gelegt. Eine Karte nach der anderen wird aufgedeckt, die Schülerin soll das Wort so schnell wie möglich benennen. Benennt sie das Wort schnell und richtig, darf sie die Karte behalten; zögert sie oder «verliest» sich bzw. «schummelt» sie, kommt die Karte zurück auf den Stapel. Eine zusätzliche Motivation entsteht, wenn die Schülerin schätzen darf, wie lange sie braucht, um den ganzen Kartenstapel schnell zu lesen. Dann kommt eine Stoppuhr zum Einsatz. Auch kann eine Sanduhr eingesetzt werden, sodass ein Wettlauf gegen die Zeit entsteht.

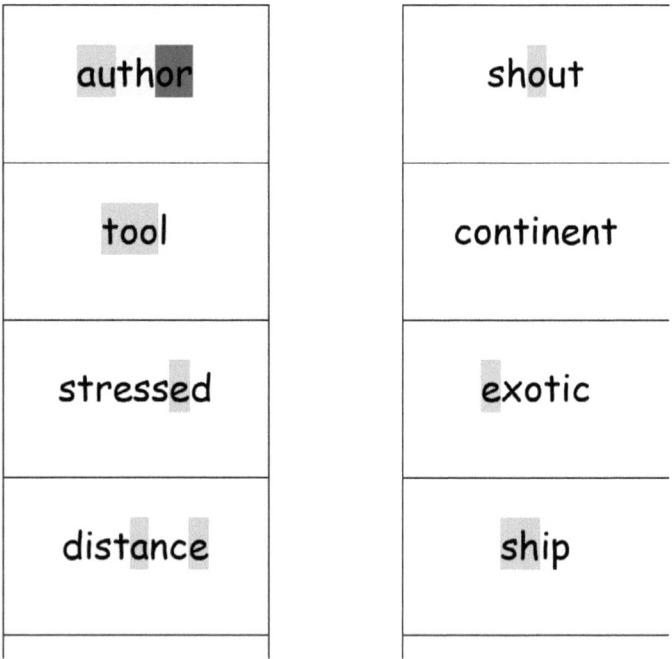

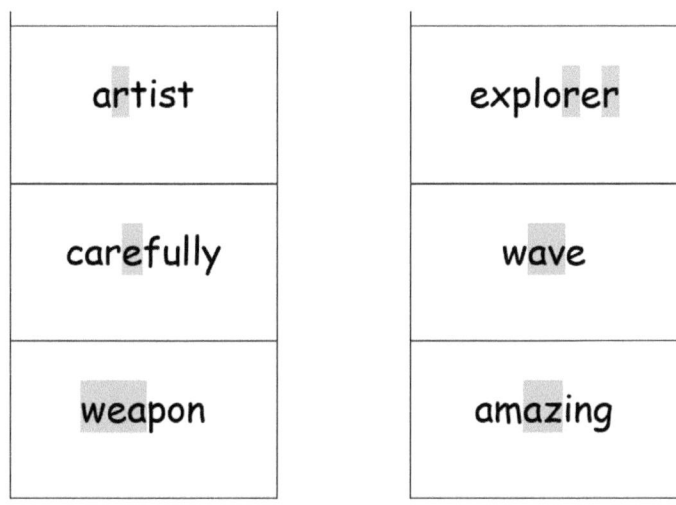

Abb. 08: Beispiel für Karteikarten (eigene Darstellung)

Weiter können in den Wörtern Phoneme, die Schwierigkeiten bereiten, **mit Farbe markiert** werden, um diese optisch hervorzuheben. Es lässt sich vermuten, dass sich genau diese Phoneme in der Schriftlichkeit ein weiteres Mal als Stolperstein erweisen. Warum also nicht gleich hier an der Problematik anknüpfen? Wichtig ist, dass die Schülerin selbst bestimmt, welche Laute ihr Mühe bereiten. Sie soll für ihre Fortschritte Verantwortung übernehmen und ihre Selbsteinschätzung als bedeutsam erleben.

8.4 Leseverständnis

Im Modell des Leseprozesses von Diehr und Frisch (2010, S. 27) werden die Stufen dargestellt, die es zu bewältigen gilt, um einen Text zu verstehen:

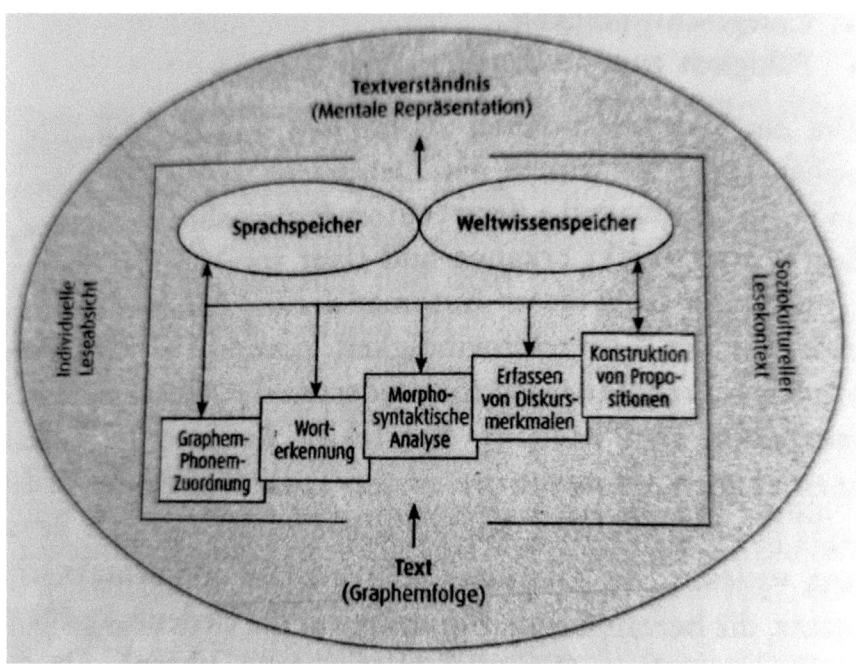

Abb. 09: Modell des Leseprozesses von Diehr & Frisch (Gerlach, 2019, S. 50)

Diehr und Frisch (2010) unterscheiden zwischen dem Sprach- und dem Weltwissensspeicher, was augenfällig aufzeigt, dass eine **LRS nicht automatisch eine kognitive Einschränkung** bedeutet. Es kann also sehr gut sein, dass eine starke Sekundarschülerin an einer LRS leidet. Hier ist die Rolle der/des SHP bis heute wegweisend. Immer wieder wird LRS mit einer mangelnden kognitiven Leistungsfähigkeit in Verbindung gebracht. Dies kann für die Jugendliche und ihre Schulkarriere schwerwiegende Folgen haben; deshalb sei hier ausdrücklich darauf hingewiesen, dass man sich vor Vorurteilen in Acht nehmen soll.

Die Schülerin hat in diesem Fall eine gute Leistungsfähigkeit in den Bereichen «Erfassen von Diskursmerkmalen» und «Konstruktion von Propositionen» (Gerlach, 2019, S. 50), sie scheint lediglich im Bereich des Sprachspeichers eine Schwäche mitzubringen. Bei der Begleitung einer Schülerin mit LRS geht es um eine Entlastung beim Lesen an sich. Es sollte nach Möglichkeiten gesucht werden, die Schülerin durch die Aktivierung ihres Vorwissens, das Wachrufen eigener Erfahrungen (Hallet, Königs & Martinez, 2020, S. 144) und mithilfe von Bildmaterial auf den Textinhalt vorzubereiten. Weiter soll der Schülerin auch ermöglicht werden, Lesestrategien zu erlernen und zu automatisieren. Durch Tandemlesen oder synchrones Lesen mit einem stärkeren Klassenkollegen oder einer Klassenkollegin kann der Lesevorgang an sich unterstützt werden.

Es stellen sich bei einem **Textverstehen** also ähnliche Fragen wie bei der Durchführung von Hörverständnis-Prüfungen:

- Wie bringen wir realitätsnahe Lesesituationen ins Schulzimmer?
- Aus Erfahrung der Autorin ist hier die Bedeutsamkeit der Textinhalte ein wichtiger Aspekt. Die Jugendlichen wollen sich in ihren Interessen verstanden wissen. In ihrem Aufwand, was das Erlernen des Wortschatzes anbelangt, freuen sie sich, wenn dieser Wertschätzung erfährt. Wird also ein Text bearbeitet, in welchem erlernter Wortschatz vorkommt, werden die SuS mit und ohne LRS bestätigt, dass das Erlernen des Wortschatzes gewinnbringend ist.
- Wann soll denn das Frageblatt abgegeben werden?
- Die Autorin vertritt hier die Meinung, dass es realitätsnah ist, wenn die Fragen den SuS im Vorfeld bekannt gegeben werden

bzw. zur Verfügung stehen. Wenn wir ausserhalb der Schule einen Text lesen, dann oft, weil wir hoffen, auf Fragen Antworten zu bekommen. Die Fragen sind uns also bekannt – wenn auch manchmal nicht konkret bewusst. Im Weiteren kann mithilfe des Lesens der Fragen bereits eine Vorentlastung stattfinden. Die SuS können sich beim Lesen der Fragen bereits eine Vorstellung des noch unbekannten Textinhaltes machen. Auf diese Weise wird unter Umständen gleichzeitig mit dem Lesen bereits ein zweckdienlicher Wortschatz aktiviert.

- Wie wichtig ist der Zeitfaktor? – Geht es darum, die Fragen in möglichst kurzer Zeit oder möglichst präzise zu beantworten?
- Der Zeitfaktor ist dahingehend wichtig, als dass es kaum relevant ist, wie schnell ein Text gelesen und die Fragen beantwortet werden. Lesen Erwachsene einen Text, weil sie eine Frage beantwortet haben möchten, so lesen sie in dem Tempo, dass es ihnen gelingt, die Antwort aus dem Text herauszuschälen. Vielleicht muss dazu der Text auch mehrfach gelesen werden. Das Ziel ist nicht auf das Tempo ausgerichtet, sondern darauf, die offenen Fragen beantworten zu können.
- Geht es darum, die Fragen zu beantworten oder fehlerfrei grammatikalisch korrekte Sätze zu formulieren?
- Die Fragen sollen beantwortet werden, damit für die Lehrpersonen zu erkennen ist, dass die SuS den Inhalt des Textes verstanden haben, Zusammenhänge erschliessen und Folgerungen ziehen konnten. Dabei geht es nicht um Aspekte der korrekten Schreibweise; der Fokus liegt auf dem inhaltlichen Verständnis.
- Sind die Aussagen bzw. Fragen auf Deutsch oder auf Englisch festzuhalten? Müssen die Fragen auf Englisch oder auf Deutsch beantwortet werden?
- Der Autorin ist es bei einer Textverständnis-Prüfung wichtig zu erfahren, ob die SuS den Text verstanden haben. Folglich ist es ihr am liebsten, wenn die Jugendlichen die Fragen auf

Deutsch beantworten. Beantworten sie die Fragen auf Englisch, kann es gut sein, dass sie einfach die betreffende Textstelle mit dem entsprechenden Schlüsselbegriff abschreiben, ohne den Inhalt wirklich erfasst zu haben.

Das Vorgehen beim Leseverstehen kann in weiten Teilen vom Vorgehen beim Hörverständnis übernommen werden:

· Thematik mithilfe einer Mindmap auf Englisch und Deutsch gemischt vorbereiten – ohne auf die Fragen bzw. den Text an sich einzugehen.
· Behauptungen, Fragen durch Fachlehrperson oder SHP vorlesen lassen, während die SuS mitlesen und selbstständig Schlüsselbegriffe markieren.
· Die SuS orientieren sich nun am Text: lesen den Titel, die Untertitel und analysieren auf einen Blick den Textaufbau. – Wo könnten welche Information zu finden sein?

Die folgende Abbildung fasst eine mögliche Art der Vorbereitung der SuS auf ein Leseverständnis zusammen. Es hat sich bewährt, dass die Lehrperson und die SHP sich auf ein fixes Vorgehen bei der Vorbereitung eines Leseverständnisses einigen und dieses mit der Klasse immer gleich durchführen. Dies führt zu einem rituellen Vorgehen, das zu einer Ruhe führt, die den SuS ein anschliessend konzentriertes Arbeiten ermöglicht.

Vorbereitung auf ein Leseverständnis

1. **Thema**:

   Mindmap mit englischen und deutschen Wörtern erstellen.

2. **Frageblatt** betrachten:

   a. Schlüsselbegriffe markieren.

   b. Ankreuzen oder Antworten aufschreiben?

   c. Deutsch oder Englisch?

3. **Orientierung** im Text: Wo könnte welche Information zu finden sein?

Abb. 10: Vorbereitung auf ein Leseverständnis (eigene Darstellung)

Auch hier vertritt die Autorin aufgrund der Realitätsnähe den Standpunkt, die Fragen und auch die **Antworten** sollen während der Volksschulzeit **auch im Fremdsprachenunterricht auf Deutsch** formuliert werden. Bei einem Leseverständnis handelt es sich nicht um einen eigentlichen Schreibanlass.

8.5 Hole ihn bitte wieder ins Boot!

In etwa so könnte es klingen, wenn eine Fachlehrperson feststellt, dass sich ein Schüler mit LRS dem Lesen bzw. dem verstehenden Lesen nicht mehr stellen kann. Wie kann es gelingen, ihn wieder an Bord zu holen und ihm kleine echte Erfolgserlebnisse zu ermöglichen? Die Autorin hat sich in solchen Situationen an der Birkenbihl-Methode orientiert. Diese lässt sich in vier Schritte gliedern (Holenstein, 2014, 00:56-02:40).

1. Schritt: Wort-für-Wort-Übersetzung, wobei schwächeren SuS der Text bereits mit der Übersetzung abgegeben wird, während stärkere SuS die Wörter selbstständig übersetzen.
2. Schritt: aktives Zuhören: Der Text wird in der Zielsprache vorgelesen, die SuS lesen den Text aktiv mit.
3. Schritt: passives Zuhören: Der Text wird in der Endlosschleife im Hintergrund abgespielt, gleichzeitig wird anderen Tätigkeiten nachgegangen.
4. Schritt: Aktivitäten: Nun wird mit und am Text gearbeitet.

Den ersten Schritt der Methode hat die Autorin vermehrt in ihrem Unterricht eingesetzt. Der Schüler mit LRS, der sich dem Lesen in englischer Sprache verweigerte, konnte durch das Wort-für-Wort-Decodieren, das er zum Beispiel am Text über Jamie Oliver aus dem Lehrmittel selbstständig vornahm, wieder ins Boot geholt werden. Wort für Wort und Text für Text näherte er sich langsam dem Lesen und vor allem dem Erlebnis, einen Text inhaltlich selbst entschlüsseln zu können. Mit diesem Vorgehen wurde ihm bewusst, wie viele Wörter er versteht, wenn sie ihm langsam vorgelesen werden.

Nach jedem decodierten Satz wird kurz innegehalten, die deutsche Wortfolge laut gelesen. Wie oft hat die Gruppe, die nach dieser Methode einen Text entschlüsselte, gelacht. Der Schüler, der sich verweigerte, hat einmal entsetzt gerufen: «Ja, können die denn kein richtiges Deutsch?!» Er hat selbst entdeckt, dass die Satzstrukturen des Englischen nicht den Satzstrukturen des Deutschen entsprechen. Nach dieser Erkenntnis hat er sich sichtlich entkrampfter der englischen Sprache ausgesetzt. Es schien, also ob mit dieser selbsterlangten Einsicht auch das Selbstbewusstsein ein kleines bisschen grösser geworden wäre.

Jamie Oliver

His father had a pub in Essex England,

....

and Jamie had to help in the kitchen.

....

At the age of sixteen

....

he decided to become a cook.

....

Today Jamie Oliver is very popular

....

with cooking shows on TV and

....

Lots of bestselling books.

....

A few years ago he started

....

a	campaign	to	have	better	food	quality

....

in	British	school	canteens.

....

Open World 1, Healthy eating at school, p.56

Abb. 11: Arbeitsblatt zu Jamie Oliver (eigene Darstellung) nach Vorlage von Williams Leppich & Giancola-Bürer, *Open World 1 Coursebook, S. 56*

Der zweite Schritt hat sich aufgrund der Erfahrungen der Autorin bei Schülerinnen und Schülern mit LRS nicht bewährt. Die **Kombination der englischen und deutschen Wörter**, die parallel auf Deutsch gelesen und auf Englisch gehört werden, scheint **zu viel an Information** auf verschiedenen Aufnahmekanälen zu sein. Im Weiteren hat die Autorin beobachtet, dass nach dem zweiten Schritt die Rechtschreibung sowohl bei den deutschen als auch bei den englischen Wörtern schlechter wurde. Sehr oft wurden die **Schreibweisen vermischt** und die Jugendlichen mit LRS waren anschliessend oft verunsichert.

Aufgrund des Stundenplans nach Fachlehrperson auf der Sekundarschulstufe haben die Lernenden kaum die Möglichkeit, den bearbeiteten Text wie vorgeschlagen während des Unterrichts in den Bereichen der Gestaltung oder des Werkunterrichts in der Endlosschlaufe zu hören, weshalb die Autorin diesen Schritt nie über längere Zeit konsequent durchgeführt hat und keine Aussage dazu machen kann.

Der vierte Schritt der Birkenbihl-Methode gleicht üblichen Unterrichtssequenzen aus dem Fremdsprachenunterricht und stellt in dieser Beziehung nichts Aussergewöhnliches dar.

Empfehlung für weiterführende Literatur

Hallet, W., Königs, F.G. & Martinez H., (Hrsg.). (2020). *Handbuch Methoden im Fremdsprachenunterricht.* Hannover: Kallmeyer in Verbindung mit Klett, Friedrich Verlag GmbH.

Gerlach, D. (2019). *Lese-Rechtschreib-Schwierigkeiten (LRS) im Fremdsprachenunterricht.* Tübingen: Narr Francke Attempto Verlag GmbH + Co. KG.

Mayer, A. (2016). *Lese-Rechtschreibstörungen (LRS).* München: Ernst Reinhardt GmbH & Co KG

König, E., Gast, V. (2018) *Understanding English-German Contrasts,* Grundlagen der Anglistik und Amerikanistik, 4., neu bearbeitete Auflage, Berlin: Erich Schmidt Verlag GmbH

Holenstein, K. (30.11. 2014). *Die vier Schritte der Birkenbihl-Methode.* [Film]. Verfügbar unter https://www.youtube.com/watch?v=qa8l-5Ut3uE

9. Textgestaltung: Erleichterungen schaffen statt Hürden aufstellen

Zeitungen werden in Serifenschriften gedruckt, die Seiten mehrspaltig gestaltet. Erstlesebücher hingegen erscheinen mit schnörkellosen Buchstaben, grosser Schrift und grossen Zeilenabständen. Lehrmittel für Fremdsprachen zeichnen sich durch farbenfrohe Seiten aus, oft sind mehrere Fotos oder Zeichnungen zu sehen. Auch gibt es Lehrmittel, bei denen auf einer Seite mehrere Schriftgrössen innerhalb des Lauftextes eingesetzt werden. Aber wie soll ein Text einer Schülerin mit LRS präsentiert werden? Welche Gestaltungselemente sind zielführend bzw. hilfreich?

Schriftart

Den aufmerksamen Leserinnen und Lesern dieses Leitfadens ist es vielleicht aufgefallen:
Die hier gewählte Schrift ist **Century Gothic**. Auch die Schrift **Comic Sans MS** eignet sich, um SuS mit LRS zu entlasten, neben der **Deutschschweizer Basisschrift**, die kostenlos heruntergeladen und verwendet werden kann.
Alle drei Schriftarten zeichnen sich dadurch aus, dass sie keine Serifen haben und das a ein a ist.
Serifenschriften findet man vielerorts, sie eignen sich vor allem für schnelle und geübte Leserinnen und Leser, denn dank der Serifen wird das Verrutschen auf den Zeilen verhindert.
Leserinnen und Leser mit LRS werden durch die Serifen eher verwirrt; die klaren, **schnörkellosen Buchstaben** erleben sie als lesefreundlicher. Das kleine A wie in der Arialschrift (a) hat eine Ähnlichkeit mit dem e und wird deshalb für einige

Menschen mit LRS zum Stolperstein, deshalb sollte man sich für eine Schriftart entscheiden, bei der das kleine A eben die Form **a** hat.

Textgestaltung

Viele **Bilder** lenken die Schülerin mit LRS ab: Wenn Bilder eingesetzt werden sollen, so entlastet es die Schülerin mit LRS, wenn sich diese **auf einem separaten Blatt** befinden.

Zudem verwirrt der vielerorts beliebte Blocksatz, der zwar optisch ästhetischer scheint; für eine Schülerin mit LRS bedeutet dies aber, dass die Abstände zwischen den Wörtern unterschiedlich gross sind. Gerade, weil die Segmentierung oft Schwierigkeiten macht, sollte auf regelmässige Abstände zwischen den Wörtern geachtet werden: Hier hilft die **linksbündige Ausrichtung** des Textes.

Eine zusätzliche Hilfe ist es, die **Zeilenlänge kurz zu halten** und ein mehrseitiges Dokument trotz Umweltschutzgedanken **einseitig zu bedrucken**. So können bei einer Arbeit mit und am Text im Unterricht und auch bei einer Leseverständnisprüfung zwei Seiten nebeneinandergelegt werden, was die Orientierung im Text unterstützt.

Empfehlung für weiterführende Literatur:

Bildungsdirektoren-Konferenz Zentralschweiz (n.d.). *Die Deutschschweizer Basisschrift.* Verfügbar unter https://www.basisschrift.ch

Holenstein, K. (30.11.2014). *Die vier Schritte der Birkenbihl-Methode.* [Film]. Verfügbar unter https://www.youtube.com/watch?v=qa8l-5Ut3uE

Gerlach, D. (2019). *Lese-Rechtschreib-Schwierigkeiten (LRS) im Fremdsprachenunterricht.* Tübingen: Narr Francke Attempto Verlag GmbH + Co. KG

10. Schreiben

Die Tätigkeit des Schreibens ist in der Schulzeit vom ersten Schultag an ein grosses Thema. Zu Beginn der Schreibkarriere geht es darum, Wörter abzuschreiben und diese in Sätzen «anzuordnen» bzw. sie zu strukturieren. Am Ende der obligatorischen Schulzeit sollen die jungen Erwachsenen die Kompetenz besitzen, einen Text zu verfassen, der verständlich und nachvollziehbar formuliert ist. Zudem soll er möglichst frei von Rechtschreibfehlern, Satzzeichenfehlern und grammatikalischen Fauxpas sein. Für einen Schüler mit LRS ist bereits das korrekte Schreiben eines Wortes eine Herausforderung.

In diesem Kapitel wird auf die **Rolle des Schriftbildes** eingegangen und darauf, wie mit einem **Text voller Rechtschreibfehler** umgegangen werden kann.

10.1 Schriftbild

Jugendlichen mit LRS fällt es im Vergleich zu den anderen Schülerinnen und Schülern in der Klasse schwerer, das Wortbild zu verinnerlichen. Deshalb wird der Einsatz von Füllern bzw. den radierbaren Tintenschreibern als **Schreibwerkzeuge** bevorzugt. Der Grund dafür ist einfach: Schreibt man ein Wort falsch, so kann mit vernünftigem Aufwand mithilfe des Tintenlöschers bzw. des Radiergummis korrigiert werden, ohne dass der Fehler durchgestrichen bzw. übermalt werden oder Tipp-Ex zum Einsatz kommen muss. Es entsteht trotz anfänglichen Schreibfehlers ein sauberes bzw. **klares Wortbild.**

Aus gleichem Grund sollten sowohl die **eindeutige Gross- und Kleinschreibung** als auch die saubere Ausführung der einzelnen Buchstaben eingefordert werden.

Die Autorin ist sich bewusst, dass die Sekundarlehrpersonen der Meinung sind, dieser Bereich sei in der Unter- und Mittelstufe zur Genüge abgedeckt worden. Dies ist unbestritten so und sie will dies keinesfalls infrage stellen. Nur, das Tempo im Unterricht ist höher als auf der Mittelstufe, die Jugendlichen müssen sich schneller etwas notieren; nach einer Lektion gilt es oft, das Schulzimmer zu wechseln – kurz: Der Zeitdruck ist grösser; folglich wird überall versucht, Zeit zu sparen. Gerade für langsamere Schreiberinnen und Schreiber drängt sich die Lösung des schnellen, ungenauen bis unleserlichen Schreibens förmlich auf. Ein Schüler, der langsam schreibt, geht nicht unbedingt mit einer LRS durch den Alltag; aber es ist sicher so, dass das Schreibtempo eher niedrig ist. Er wird also zum ungenauen Arbeiten gedrängt.

Ein Schüler mit LRS braucht **mehr Zeit für schriftliche Arbeiten**. Damit er jederzeit korrigieren kann, sind Tintenschreiber oder Radierstifte das adäquate Schreibwerkzeug. Positiv bestärkend ist zudem, wenn alle Jugendlichen merken, dass innerhalb eines Lehrerteams gewisse minimale Einigkeit bez. schriftlicher Arbeiten vorherrscht:

- · Ein Titel wird mit Lineal unterstrichen.
- · Es wird mit blauer oder schwarzer Tinte geschrieben.
- · Es wird mit einem Tintenschreiber oder einem Radierschreiber geschrieben, damit mit Tintenlöscher oder Radiergummi korrigiert werden kann. Tipp-Ex, Übermalen und Durchstreichen sind unerwünscht.

Weiter fordert die Autorin als SHP eine **saubere Handschrift** und **korrigiert auch fehlerhafte Schreibabfolgen**. Reuter-Liehr (2017) bestätigt diese Grundsätze mit ihrer Aussage, dass die Form der Buchstaben bzw. das Einfordern einer sorgfältigen Ausführung der Buchstaben dazu führt, dass die Zuordnung von Graphem zu Phonem stärker gesichert wird (S. 30).

10.2 Fehlerfreies Schreiben bzw. der Umgang mit Texten von LRS-Jugendlichen

Das Schreiben eines Textes ist für eine Schülerin mit LRS eine riesige Herausforderung; sie weiss ja um ihr Manko, was nicht dazu führt, dass sie sich bei einer solchen Aufgabe befähigt fühlt, diese zur Zufriedenheit auszuführen. – Die **gute Beziehung** zwischen ihr und der Lehrperson und/oder SHPs ist hier ein besonders tragendes Element. Die Jugendliche muss spüren, dass ihr niemand beweisen will, dass sie beim korrekten Schreiben Probleme hat. Im Gegenteil soll ihr vermittelt werden, dass die Rechtschreibung nur ein Aspekt unter vielen ist, wenn es darum geht, ihre Gedanken und Ideen zu Papier zu bringen.

Welche **Hilfsmittel** bzw. Hilfestellungen können die SuS mit LRS unterstützen?

Einsatz des Computers oder des Tablets

Der Schülerin kann zum Verfassen eines Textes ein Computer mit Korrekturprogramm zur Verfügung gestellt werden. Die Jugendliche erhält jeweils unmittelbar eine Rückmeldung, wenn sie einen Fehler geschrieben hat. Sie stellt selbst bald fest, dass sie sich nicht blind auf das **Korrekturprogramm** verlassen kann und der geschriebene Text auch mit Unterstützung eines Korrekturprogramms selbst **auf Fehler hin durchgelesen** werden muss. Hier findet auf diese Weise Vorbereitung auf das Leben ausserhalb der Schule statt.

Es kann die Frage auftauchen, ob, solange für Aufnahmeprüfungen noch handschriftliche Textproduktionen gefordert werden, alle Schülerinnen und Schüler noch von Hand schreiben müssen. Ein NTA gilt auch bei einer Aufnahmeprüfung für ein Gymnasium, eine Kantonsschule oder die Berufsmittelschule. Den Schülerinnen und

Schülern wird aufgrund des NTAs eine angepasste Prüfungsform angeboten.

Wenn es darum geht, dass die Jugendliche ihre Kompetenzen im Formulieren, Beschreiben eines Bildes oder im Erzählen einer Bildergeschichte zeigen soll, so könnte der Computer als Aufnahmegerät eingesetzt werden. Die Schülerin macht sich Notizen, überlegt sich präzise, was sie erzählen will, und hält ihre Produktion nicht schriftlich fest, sondern macht eine Audioaufnahme.

Wenn sie später einmal eine erfolgreiche Geschäftsfrau ist, wird sie sicher einen Assistenten oder eine Assistentin an ihrer Seite haben und wird die Schreibarbeiten delegieren können. Wird dies ihren Erfolg als Geschäftsfrau schmälern?

Vorlagen zum aktuellen Wortschatz

· Karteikarten: Der Schüler wird berechtigt, die **Karteikarten** mit dem aktuellen oder mit dem benötigten Wortschatz als Hilfsmittel einzusetzen. Mit den Karteikarten wurde vermutlich bereits gearbeitet.
· Einsatz der/des SHP: Die/der SHP fungiert als Assistent(in). Entweder diktiert der Schüler Wörter, die er braucht, oder gibt **Anweisungen für ein Mindmap**. Die Autorin hat gute Erfahrungen damit gemacht, dass der Jugendliche mit LRS ihr den Text einfach diktierte. Die Überarbeitung oblag dann dem Jugendlichen.
· **Wortkästchen**: Begriffe, die im Text verwendet werden müssen bzw. hilfreich sein könnten, werden dem Jugendlichen mit LRS schriftlich abgegeben.
· **Plakate**: Diese können bereits während der Übungsphasen im Schulzimmer aufgehängt sein und geben so den schwächeren Jugendlichen eine gute Sicherheit. Es heisst gar nicht unbedingt, dass sie diese auch aktiv einsetzen bzw. berücksichtigen.

Fokus bestimmen

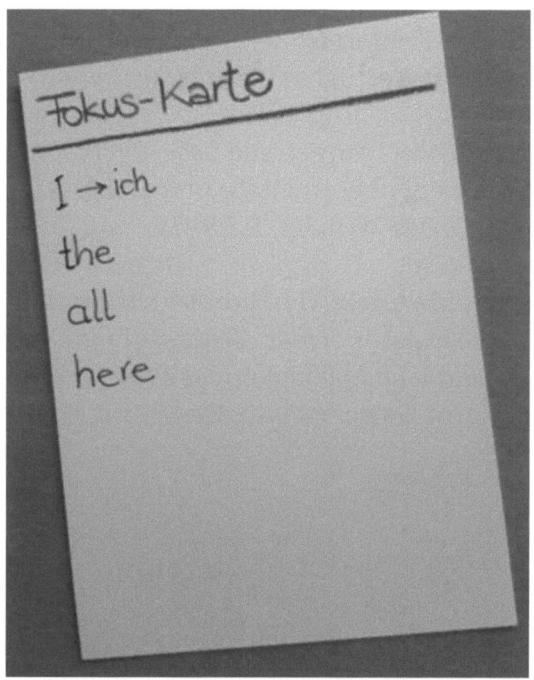

Abb. 12: Beispiel für eine Fokus-Karte (eigene Darstellung)

In Kooperation mit der Jugendlichen mit LRS kann ein Fokus abgemacht werden. Über eine längere, im Vorfeld definierte Zeitspanne wird ein Ziel definiert; wenn dieses Ziel erreicht wurde, kann es beliebig ausgebaut werden; dafür eignen sich vor allem Wörter aus der Liste der 100 am häufigsten verwendeten Wörter. Zum Einstieg kann eine **Merkkarte** eingeführt werden, dort werden die Fokus-Wörter festgehalten. Ein aufbauender Nebeneffekt, der damit erreicht werden kann, ist, dass die Jugendliche sieht, welche Wörter sie nun bereits fehlerfrei schreiben kann. Während des Schreibauftrages wird der Blick auf die vereinbarten Fokus-Wörter gelegt, diese müssen zu einem späteren Zeitpunkt ohne Vorlage korrekt geschrieben werden können.

Empfehlung für weiterführende Literatur

Bildungsdirektoren-Konferenz Zentralschweiz (n.d.). *Die Deutsch-schweizer Basisschrift.* Verfügbar unter https://www.basisschrift.ch

Reuter-Liehr, C. (2017). Lautgetreue Lese-Rechtschreibförderung, Band 4 (4., vollständig überarbeitete und erweiterte Auflage). Bochum: Verlag Dr. Dieter Winkler. S. 29–38.

Schulze Brüning, M.-A., (2011). Handschriften in der Sekundarstufe I. *DDS – Die Deutsche Schule. Zeitschrift für Erziehungswissenschaft, Bildungspolitik und pädagogische Praxis 103*(4), S. 362–378, Frankfurt am Main: Gewerkschaft Erziehung und Wissenschaft im DGB.

11. Sprechen

Während schriftliche Produktionen immer gut planbar sind, geht es beim Sprechen darum, Konventionen einzuhalten, eine gewisse Spontaneität mitzubringen und zeitnah zu reagieren. Genau wie beim Hören spielt auch beim Sprechen eine gewisse Flüchtigkeit der Situation eine wichtige Rolle.

11.1 Unterrichtssprache

Im Englischunterricht lässt sich beobachten, dass Jugendliche, die beim Erlernen einer Fremdsprache Mühe bekunden, eher mit grosser Zurückhaltung oder sogar Abneigung reagieren, wenn die Lehrperson in der Zielsprache spricht oder gar eine entsprechende Antwort einfordert. Einige äussern unmittelbar, dass sie nicht verstehen würden, worum es gehe. Diesem Umstand soll Abhilfe geschaffen werden können. Bei einer solchen Ausgangslage werden von der Autorin zwei Werkzeuge zur visuellen Strukturierung der Unterrichtseinheiten angewendet:

· Die «tasks» der Lektion werden in Wort und Bild an der Tafel aufgeführt.
· Es werden «Indikationskarten» eingeführt (vgl. Kap. 6)

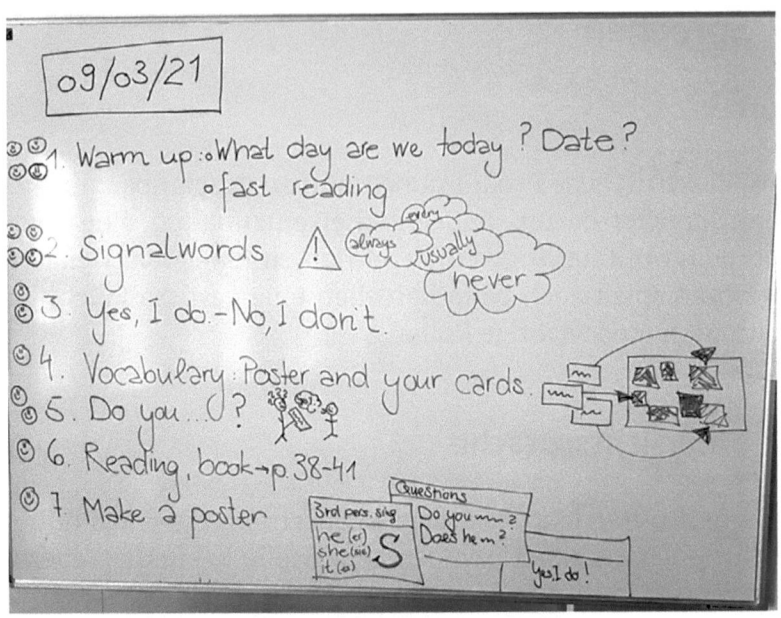

09/03/21

1. Warm up : What day are we today ? Date?
   • fast reading
2. Signalwords ⚠️ always usually every never
3. Yes, I do. – No, I don't.
4. Vocabulary: Poster and your cards.
5. Do you ...?
6. Reading, book → p. 38-41
7. Make a poster

3rd pers. sing | Questions
he (er) | Do you ~~~?
she (sie) S | Does he m?
it (es) | Yes, I do!

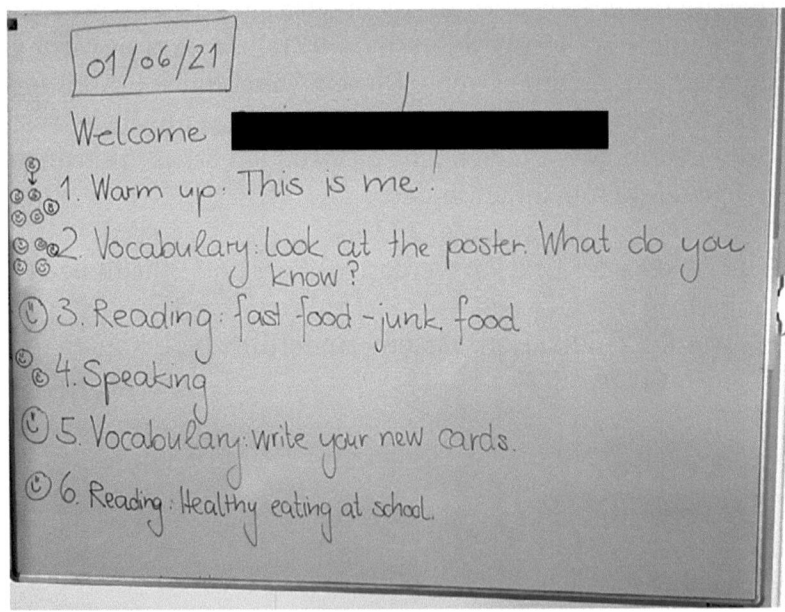

01/06/21

Welcome ████████

1. Warm up: This is me!
2. Vocabulary: Look at the poster. What do you know?
3. Reading: fast food – junk food
4. Speaking
5. Vocabulary: Write your new cards.
6. Reading: Healthy eating at school.

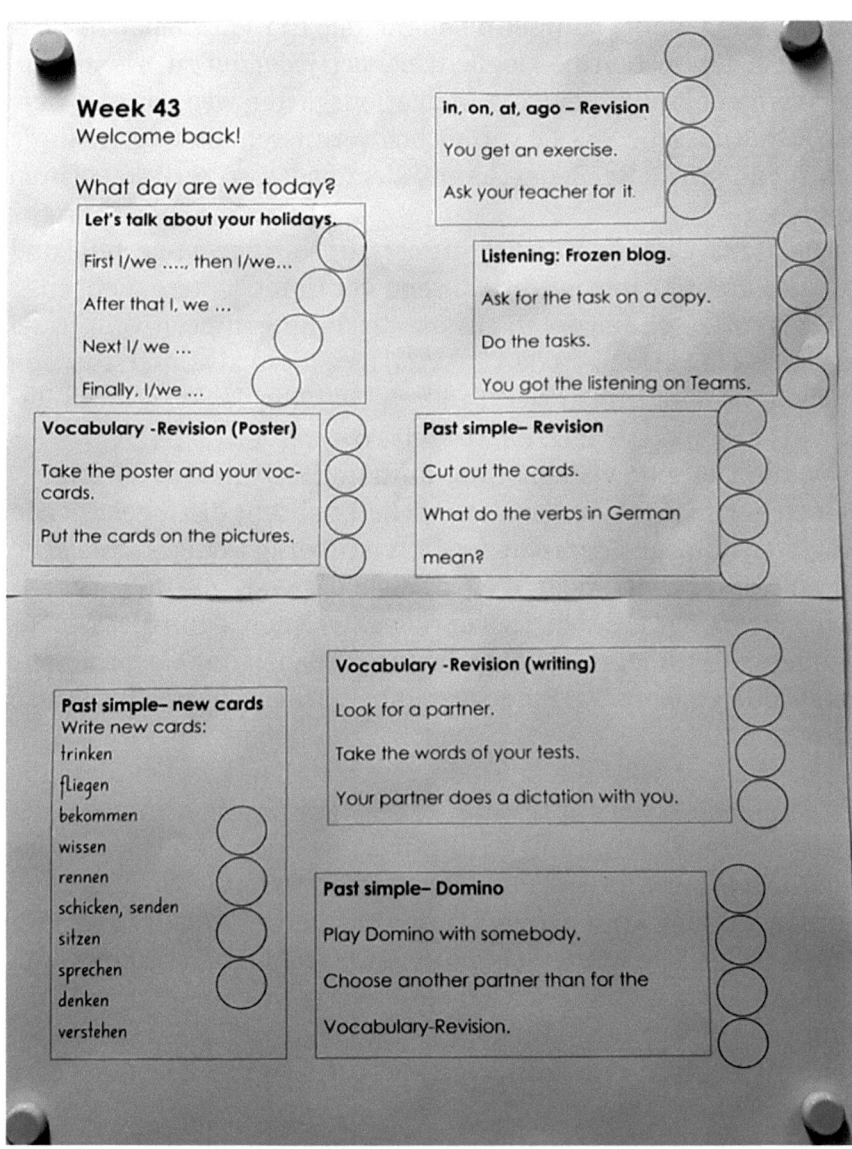

Week 43

Welcome back!

What day are we today?

Let's talk about your holidays.

First I/we ...., then I/we...

After that I, we ...

Next I/ we ...

Finally, I/we ...

Vocabulary -Revision (Poster)

Take the poster and your voc-cards.

Put the cards on the pictures.

in, on, at, ago – Revision

You get an exercise.

Ask your teacher for it.

Listening: Frozen blog.

Ask for the task on a copy.

Do the tasks.

You got the listening on Teams.

Past simple– Revision

Cut out the cards.

What do the verbs in German mean?

Past simple– new cards

Write new cards:

trinken

fliegen

bekommen

wissen

rennen

schicken, senden

sitzen

sprechen

denken

verstehen

Vocabulary -Revision (writing)

Look for a partner.

Take the words of your tests.

Your partner does a dictation with you.

Past simple– Domino

Play Domino with somebody.

Choose another partner than for the Vocabulary-Revision.

Abb. 13: Beispiele für task-Übersicht (eigene Darstellungen)

Durch die **visuelle «Guideline»** dank der **Indikationskarten** haben die Jugendlichen die Möglichkeit, sich jederzeit zu orientieren. Nach einiger Zeit können die Indikationskarten weggelassen werden, ohne dass die SuS sie vermutlich vermissen. Eine erste Hürde wäre genommen. Bei Bedarf kann jederzeit darauf zurückgegriffen werden.

Die **«task-Übersicht»** wird immer zur Verfügung gestellt und gilt als Orientierungsmittel während der Unterrichtssequenzen.

Einige Klassen reagieren auf die Zeichnungen positiv, d. h. sie schätzen die Skizzen zu den Tasks, da sie diese als Unterstützung erleben. Andere fühlen sich dadurch eher abgelenkt. Je nach Bedürfnis sollen diese Skizzen weggelassen werden.

Da die SuS eine visuelle Unterstützung haben, redet die Lehrperson konsequent in der Zielsprache Englisch; die Jugendlichen reagieren nun dank der visuellen Unterstützung weniger abweisend darauf. Unter Umständen reagieren sie (vorerst) auf Deutsch. Als Lehrperson lohnt es sich, sich darüber zu freuen, denn dies bedeutet nichts Geringeres, als dass die Jugendlichen **das Gesprochene verstanden** haben. Das Sprachverstehen in der Zielsprache ist also gesichert!

Mit der Zeit wird die Lehrperson feststellen können, dass die Jugendlichen immer öfter mit englischen Standardsätzen oder «chunks» reagieren. Einige Hilfestellungen können von den Jugendlichen mit LRS **auf Plakaten im Schulzimmer** festgehalten werden, so kann die ganze Klasse profitieren. Auch ein starker Schüler, eine talentierte Schülerin wird durchaus froh sein, wenn es die Möglichkeit gibt, sich auf diese Weise eine sprachliche Wendung in Erinnerung zu rufen. Die Lernenden mit LRS erfahren auf diese Weise auch eine **bestätigende Aufmerksamkeit der Peers** und der Lehrperson.

Die Auswahl der Standardformulierungen können in der ganzen Klasse oder in der Gruppe, die von dem/der SHP begleitet wird, diskutiert und regelmässig erneuert werden, wenn eine neue Formulierung in den Vordergrund tritt und eine andere von allen SuS auch ohne Hilfe angewendet werden kann.

Dabei hat sich die Anwendung von «**Sentences of the week**» bewährt. Jeweils für eine Woche wurde ein Satz als «Sentence of the week» definiert. Alle, die den Satz innert dieser Woche anwenden, erhalten einen Punkt. Der «Sentence of the week» darf in allen Schulfächern, die im Schulzimmer, bei der Fachlehrperson und der SHP stattfinden, eingesetzt werden. Wenn die Situation passt, erhalten die Jugendlichen einen Punkt. Erarbeitet sich die Klasse innerhalb von vier Schulwochen z. B. 150 Punkte, erhalten alle eine kleine Belohnung wie z. B. ein Glacé an einem warmen Sommertag.

Auf die 150 Punkte ist die Autorin nach folgender Überlegung gekommen: In einer Klasse von 20 SuS können so alle den Satz knapp zweimal pro Woche anwenden und die Klasse kann die 150 Punkte erreichen. Selbstverständlich kann die Hürde jederzeit nach oben oder unten korrigiert werden; das Ziel soll erreichbar bleiben, aber von allen einen Einsatz fordern.

Der «Sentence of the week» bewährt sich aufgrund verschiedener Aspekte: Die **ganze Klasse** verfolgt **ein gemeinsames Ziel**; alle Schülerinnen und Schüler tragen zum Erreichen des Zieles bei; der Satz wird immer wieder bei allen Lernerinnen und Lernern wachgerufen; er wird in passenden Situationen angewendet; die **Hemmungen, Englisch zu sprechen**, rücken **in den Hintergrund**; und, aus Sicht der Autorin auch wichtig, weder für die Fachlehrperson noch für die SHP entsteht ein grosser Mehraufwand.

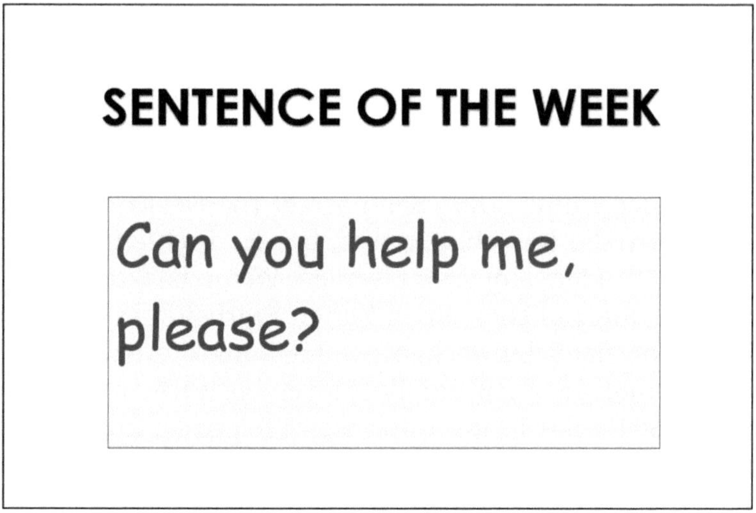

SENTENCE OF THE WEEK

Can you help me, please?

Abb. 14: Plakat für «Sentence of the week» (eigene Darstellung)

Selbstverständlich achtet die Lehrperson bei der Anwendung der Fremd- als Unterrichtssprache darauf, immer wieder die gleichen Satzstrukturen anzuwenden und in ähnlichen Situationen einen ausgewählten Wortschatz repetitiv einzusetzen. Es ist zu beobachten, dass sich die Jugendlichen sicherer durch den Unterricht bewegen.

11.2 Vorbereitetes und situatives Sprechen

Auffallend ist, wie gross der Einfluss einer Karte mit einer Hilfestellung in der Hand ist. **Die Karte** vermittelt den Lernenden zum einen **Sicherheit,** zum anderen wissen auch alle SuS, dass die Reihe einmal an sie kommen wird. So kann eine Übung zu Sprachwissen z. B. question tags oder short answers (siehe Bild unten) anfangs mit Karten eingeübt werden; SuS, die sich sicher fühlen, legen die Karte weg und nach einer gewissen Übungszeit können alle Jugendliche auf die «Sicherheitskarte» verzichten. Wichtig ist, dass allen Lernenden genügend Zeit zur Verfügung gestellt wird, damit Sicherheit gewonnen werden kann.

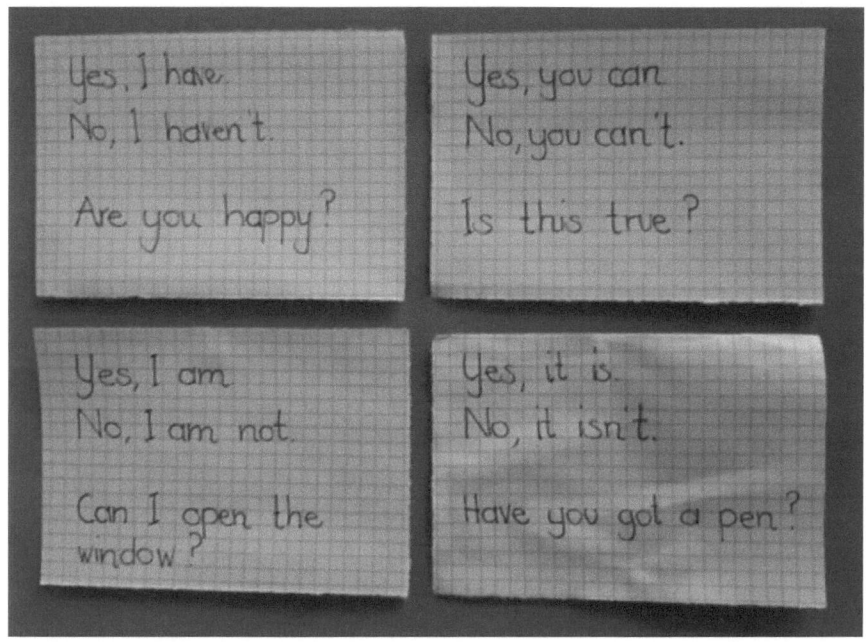

Abb. 15: Beispiel für Übungskarten zu «short answers» (eigene Darstellung)

11.3 Kommunikation

Im Unterricht mit SuS mit LRS ist es zielführend, wenn die Jugendlichen langsam an kommunikative Situationen herangeführt werden. Jugendliche haben meist ein Thema, das sie besonders interessiert. An diese **mitgebrachte Bedeutsamkeit** kann gut angeknüpft werden. Es ist keinesfalls verlorene Zeit, sich mit dem Schüler, der sich für ferngesteuerte Flugzeuge interessiert und solche in seiner Freizeit zusammenbaut, darüber zu unterhalten. Sein Kollege, der jeden Mittwochnachmittag auf der Skaterbahn verbringt, erzählt noch so gerne von seinem neuen Sprung, den er endlich schafft. – Es lohnt sich, diese Lebensfreude zu nutzen. Das **Interesse motiviert**, darüber reden zu können, und das Interesse im Sinne der Anteilnahme der Lehrperson **stärkt die Beziehung**.

Abb. 16: Einfache Sätze zur Unterstützung bzw. Übung der Interaktion
(eigene Darstellung)

Aus diesem Grund soll mit den Jugendlichen auf zwei Ebenen gearbeitet werden:

Anfangs der Lektion wird während einer kurzen Sequenz «Smalltalk» betrieben. Dabei wird neben den eingangs erwähnten Möglichkeiten auch **über Aktualitäten** wie einen bevorstehenden Schulanlass (z. B. die Schulreise) gesprochen oder über den vergangenen Sporttag. Um die Jugendlichen beim Formulieren zu unterstützen, wird ihnen zum Beispiel eine **Auswahl an Satzanfängen** zur Verfügung gestellt, gemeinsam der erforderliche Wortschatz gesammelt oder es wird **mithilfe von Bildern, einer Mindmap** als Aufwärmübung Wortschatz in Erinnerung gerufen.

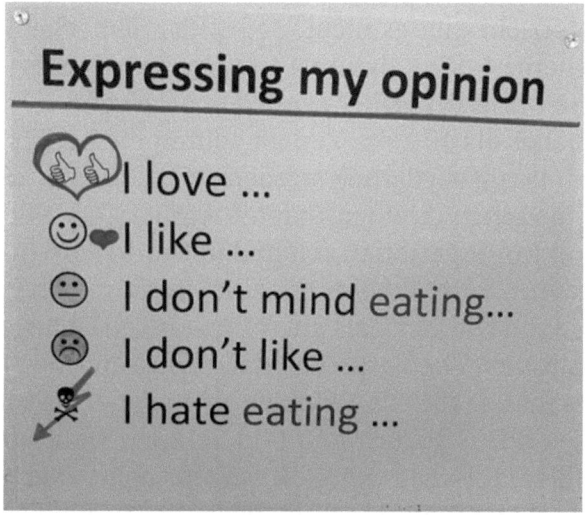

Abb. 17: mögliche Satzanfänge (eigene Darstellung)

Die andere Ebene ist jene des schulrelevanten Austausches, die auch mit dem «Sentence of the week» geübt wird: «It's cold. – Can I close the window?» Oder: «I don't understand the word ‹misleading›.» Oder: «Let's do this task together.»

Auch mit diesen beiden Ansätzen soll erreicht werden, dass die Hemmschwelle der Jugendlichen, untereinander Englisch zu sprechen, sinkt. Erste Erfolgserlebnisse zeichnen sich erfahrungsgemäss schnell ab; aber der Weg zu einem monolingualen Unterricht ist noch weit. Wichtig ist, dass man gemeinsam auf dem Weg ist.

12. Wortschatz

Eine typischere Hausaufgabe als das Wörterlernen für den Fremdsprachenunterricht gibt es nicht. Selbst der deutsche Bundesverband Legasthenie & Dyskalkulie (BVL) hält fest, dass es wichtig sei, täglich Wörter zu lernen. Die Anzahl der zu lernenden Wörter solle aber nicht höher als 10 sein. Zudem sollten die bereits gelernten Wörter regelmässig wiederholt werden (BVL, 2019, S. 16).

Die Autorin vertritt da einen anderen Ansatz: Das **Wörterlernen, das Üben von Konjugationen** soll **in den Unterricht,** in die Schule verlegt werden. Wenn daheim für eine Fremdsprache gearbeitet werden soll, dann könnten dies unter Umständen Übungen zu einer grammatikalischen Thematik sein, das Verfassen eines Textes, das Vorbereiten eines Textes als Gesprächsgrundlage. Bei solchen Aufträgen wissen alle Schülerinnen und Schüler, wann der Auftrag erledigt ist. Beim Erlernen von Wörtern oder beim Üben von Konjugationen wird man nie «fertig». Dies bedeutet für Schülerinnen und Schüler ein tägliches «Vor-Augen-Führen» ihrer Unzulänglichkeit. Sie werden es kaum je schaffen, eines Tages alle Wörter zu wissen, korrekt zu notieren.

Diese Ausgangslage löst die Frage aus, ob man bei der Erarbeitung der Sprachbasis, des Wortschatzes und der Konjugationen die Schülerinnen und Schüler daheim beim Lernen sich selbst überlassen soll. Das Fundament muss doch verlässlich, stabil und gesichert sein, denn darauf wird der Unterricht anschliessend aufgebaut.

Die Erarbeitung des Wortschatzes kann gut genutzt werden, um immer wieder positive Lernsituationen zu erschaffen, in denen vor allem Jugendliche mit LRS fokussiert und zielstrebig arbeiten. Auch werden sie für ihren Einsatz belohnt. Wortschatz kann auf spielerische Weise in Gruppen geübt und gefestigt werden.

Wortschatzarbeit (und Konjugationsübungen) gehören in den Unterricht und sollen nicht nach Hause delegiert werden.

Das obligatorische Lehrmittel beinhaltet eine weitverbreitete Darstellung des Lernwortschatzes:

amazing *adj*	[ə'meɪzɪŋ]	It's **amazing** that the band is still popular after 20 years.	**erstaunlich, toll**
artist *n*	['ɑːtɪst]	Picasso was a very famous **artist**.	**Künstler/-in**
background *n*	['bækgraʊnd]	Can you see the two people in the **background**?	**Hintergrund**
bird *n*	[bɜːd]	I always feed the **birds** in winter.	**Vogel**
carefully *adv*	['keəfəli]	They listened **carefully** to understand what he said.	**sorgfältig, aufmerksam**
consonant *n*	['kɒnsənənt]	Most letters are **consonants**, only *a, e, i, o, u* aren't.	**Konsonant**
distance *n*	['dɪstəns]	I didn't know the people and kept my **distance**.	**Entfernung, Distanz**
empty *adj*	['empti]	She needs an **empty** box for her books.	**leer**
explore *v*	[ɪk'splɔː]	Which country would you like to **explore**?	**erforschen, untersuchen**
explorer *n*	[ɪk'splɔːrə]	In the past, **explorers** wanted to discover new countries.	**Forscher/-in, Entdecker/-in**
farm worker *n*	[fɑːm 'wɜːkə]	**Farm workers** have a lot to do in summer and autumn.	**Landarbeiter/-in**
fishing net *n*	['fɪʃɪŋ net]	Traditional fishermen repair their **fishing nets** by hand.	**Fischernetz**
funny *adj*	['fʌni]	My cousin always tells me **funny** stories.	**komisch, merkwürdig**

Abb. 18: Auszug aus einer Wörterliste aus Open World 1, unit 4, S. 28
(Williams Leppich & Giancola-Bürer, 2018)

In der linken Spalte steht das englische Wort, daneben in hellblauer Schrift die phonetische Transkription, in der Mitte befindet sich ein Satz, in dem das Wort verwendet wird, und in der rechten Spalte steht die deutsche Übersetzung des Wortes.

Für einen Schüler mit LRS sind dies zu viele Informationen auf einmal. Es hat sich bewährt, sich vorerst auf die einzelnen Wörter zu beschränken. Es hilft dem Schüler mit LRS, wenn er sich auf ein einzelnes Wort konzentrieren muss: das neue Englischwort.

12.1 Wie Wortschatz erarbeitet werden könnte

Abb. 19: Wortschatzplakat 1 (eigene Darstellung)

Dieses Plakat wurde von Schülern mit LRS zusammengestellt. Sie haben Wörter aus dem aktuellen **Lernwortschatz** ausgewählt und anschliessend im Internet ein dazu **passendes Bild** gesucht.

Während dieser Arbeitsphase tauschen sich Lernende über die Bedeutung der Wörter aus. Innert kürzester Zeit beherrschen die SuS die meisten der zu lernenden Wörter.

Anschliessend werden die englischen Wörter zu den Bildern auf Karteikarten geschrieben, um damit in der Gruppe über die Aussprache der Wörter zu sprechen, d. h. Phoneme mit den Graphemen zu vergleichen. Stolpersteine werden individuell mit Farben markiert. Während ein Schüler das schnelle Lesen der Wörter übt, ordnet ein anderer die Karteikarten den Bildern zu und der dritte Schüler übt, die neuen Wörter zu schreiben.

Mit diesem Ansatz, über Symbolbilder zu arbeiten, verfolgt die Autorin folgende Ziele:

Der Schüler liest das englische und das deutsche Wort genau, während des Suchens eines passenden Bildes wird das **Wort aktiv im Kopf behalten** und gleichzeitig befassen sich die SuS mit der Semantik, weil aus der unendlichen Anzahl von Bildern das aussagekräftigste gefunden werden soll. Zudem soll es auch von den Kollegen als passend taxiert werden.

Beim Aufkleben wird das Wort zudem **laut ausgesprochen**. Zum Schluss dieser Lernsequenz werden die Wörter nochmals benannt. Es entsteht häufig ein gewisser **Wettkampf**, wer sich am meisten Wörter merken konnte, wer am meisten weiss, oder die Jungs testen sich gegenseitig, indem sie auf die Bilder zeigen. Danach können sich die Schüler mit LRS meist mündlich wirklich gut an den neuen Wortschatz erinnern. Das Wortschatzplakat wird im Verlauf der aktuellen Lerneinheit mit neuen Wörtern ergänzt und bleibt während der ganzen Zeit an der Wand hängen. Kann sich jemand nicht mehr an ein Wort erinnern, reicht es oft, einen Blick auf das entsprechende Bild zu werfen, und das Wort ist mindestens mündlich wieder präsent.

Mithilfe des Plakates kann der Wortschatz auch geprüft werden, eventuell «nur» mündlich oder später auch schriftlich.

12.2 Wie bekannter Wortschatz aktiviert und erweitert werden könnte

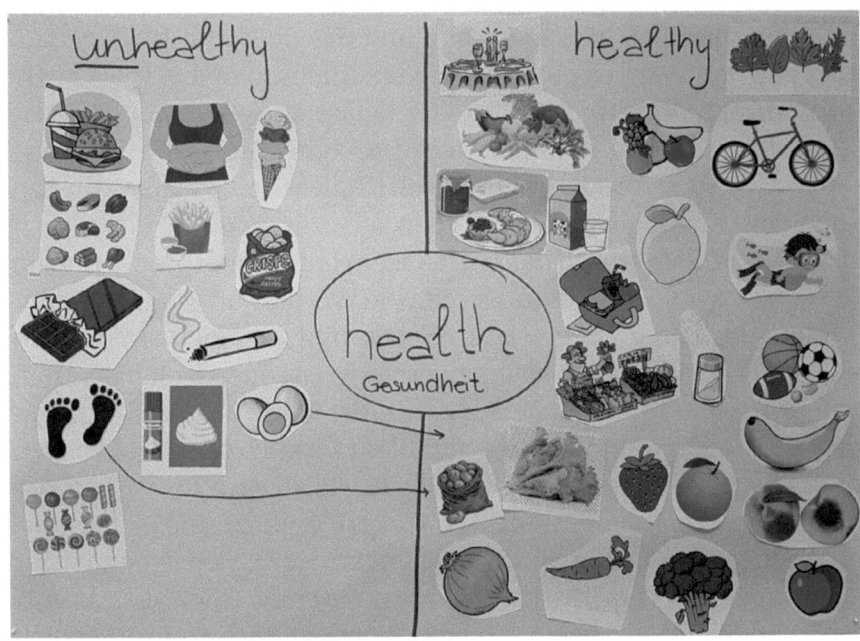

Abb. 20: Wortschatzplakat 2 (eigene Darstellung)

Hier wurden den Schülerinnen und Schülern die Bilder zur Verfügung gestellt. In einer solchen Lernsituation kann wie folgt vorgegangen werden: In einem ersten Schritt schneiden alle SuS nur jene Bilder aus, zu denen sie die entsprechenden englischen Wörter bereits kennen, und kleben diese je nach Meinung in die Spalte «unhealthy» bzw. «healthy». Mit diesem Ansatz wird für sie augenfällig, wie viele Begriffe sie zum Thema «Gesundheit» bereits kennen; nebenbei werden die Adjektive «healthy» und «unhealthy» eingeführt bzw. mündlich eingeübt. Im nächsten Schritt werden die unbekannten Begriffe gesucht, laut benannt und mündlich geübt.

12.3 Wörter schreiben üben

Anschliessend wird eine vom Schüler bestimmte Auswahl von Wörtern ins Schreibtraining aufgenommen, die je nach SuS auch in der Anzahl variieren kann. Diese Wörter werden nun regelmässig und immer wieder geübt. Es hat sich bewährt, allen Schülerinnen und Schülern eine Karteibox zur Verfügung zu stellen. Gearbeitet wird wie von Gerlach (2019, S. 66) beschrieben und in seinem Rechtschreibtraining umgesetzt:

1. **Look**   Karte wird aus dem Karteikasten genommen, fremdsprachiges Wort wird angeschaut.
2. **Read**   Wort wird laut (!) vorgelesen.
3. **Cover**   Karte wird abgedeckt oder umgedreht auf den Tisch gelegt.
4. **Write**   Wort wird auf ein separates Blatt Papier geschrieben.
5. **Check**   Wort wird auf korrekte Schreibung hin überprüft, wenn korrekt: Karteikarte wandert ins nächste Fach, wenn falsch: Karteikarte wandert wieder ins erste Fach.

Es bleibt eine Tatsache, dass das Wörterlernen eine Knochenarbeit ist, die viel Einsatz erfordert. Kurze **Wörterlern-Sequenzen** lassen sich gut regelmässig **im Unterricht einbauen**. Wenn die Jugendlichen merken, dass sich alle um sie herum gerade auch mit dem Aufbau des Wortschatzes abgeben, wird die Situation für alle Beteiligten erträglicher. Zudem kann hier die/der SHP ganz gut mit einzelnen SuS oder einer Gruppe die Phonem-Graphem-Zuordnung üben, während das Gros der Klasse für sich oder in Zweiergruppen zusammenarbeitet. Braucht eine Schülerin mit LRS mehr Zeit, um die Wörter korrekt abzuschreiben, so kann sie bei dieser Arbeit ebenfalls durch die/den SHP begleitet werden. Unter Umständen macht es sogar Sinn, der Schülerin gedruckte Karteikarten zur Verfügung zu stellen. Dies gilt es individuell herauszufinden.

Weiter lässt sich die «Paukerei» gut mit einem Spiel wie Montags-maler, Hang man oder Tafelfussball abschliessen.

12.4 Neue Wörter mit bekannten Begriffen verknüpfen

Beim Erarbeiten des Wortschatzes lohnt es sich für alle Schüle-rinnen und Schüler, wenn Vernetzungsangebote gemacht werden. Hier werden ein paar Ideen aufgeführt, die im Unterricht regelmäs-sig eingesetzt werden können:
- Mindmap nach Thematik
- Sammeln von Wortfamilien: zum Beispiel health, healthy, un-healthy, healthcare, healthiness und healthful.
- Sammeln von Wörtern mit gleichen Vorsilben bzw. Endungen wie zum Beispiel aver<u>age</u>, cour<u>age</u>, langu<u>age</u> und garb<u>age.</u>

Empfehlung für weiterführende Literatur

Roters, B., Gerlach, D., Esser, S. (Hrsg.), 2018, *Inklusiver Englisch-unterricht*, Impulse zur Unterrichtsentwicklung aus fachdidakti-scher und sonderpädagogischer Perspektive, Münster, New York: Waxmann Verlag GmbH

Gerlach, D. (ohne Jahr). *Wordly – Englisch-Trainingskonzepte für legasthenie/lese-rechtschreibschwache Schüler.* Verfügbar unter https://www.wordly.de

Abkürzungsverzeichnis

Abs.   Absatz
Art.   Artikel
BehiG   Behindertengleichstellungsgesetz
BVL   Bundesverband Legasthenie & Dyskalkulie
bzw.   beziehungsweise
DLV   Deutschschweizer Logopädinnen- und Logopädenverband
ebd.   ebenda
LRS   Lese- und Rechtschreibschwäche
NTA   Nachteilsausgleich
o. V.   ohne Verlag
SHP   schulischer Heilpädagoge, schulische Heilpädagogin
SuS   Schülerinnen und Schüler
z. B.   zum Beispiel

Tabellenverzeichnis

Tab. 01: Vergleich von Wörtern mit stimmlosen bzw. stimmhaften Konsonanten (eigene Zusammenstellung)
Tab. 02: Vergleich von verschiedenen Graphemen zu einem Phonem (eigene Zusammenstellung)
Tab. 03: long vowels (Hudson, 2021)

Abbildungsverzeichnis

Literaturverzeichnis

Amt für Volksschule des Kantons Thurgau, Lehrplan Volksschule Thurgau. (2016) *Englisch 1. Fremdsprache.* Kompetenzaufbau 3. Zyklus, Frauenfeld: Amt für Volksschule des Kantons Thurgau, tg.lehrplan.ch.

Bildungsdirektoren-Konferenz Zentralschweiz (n.d.). *Die Deutschschweizer Basisschrift.* Verfügbar unter https://www.basisschrift.ch

Bundeskanzlei (n.d.). *Bundesgesetz über die Beseitigung von Benachteiligungen von Menschen mit Behinderungen.* Verfügbar unter https://www.fedlex.admin.ch/eli/cc/2003/667/de

Bundesverfassung (n.d.), *Art. 62 Schulwesen.* Verfügbar unter https://www.fedlex.admin.ch/eli/cc/1999/404/de#art_62

BVL – Bundesverband Legasthenie und Dyskalkulie e. V., c/o EVB, (Hrsg.) (2019). *Englisch. Ratgeber zum Fremdspracherwerb am Beispiel Englisch* (5. Aufl.) Bundesverband Legasthenie und Dyskalkulie e. V. O. O.: o. V.

DLV Positionspapier, Nachteilsausgleich bei Lese-Rechtschreibstörungen (LRS) auf der Primar- und Sekundarstufe, erarbeitet von der Kommission PTB des DLV. Verfügbar unter https://www.logopaedie.ch/sites/default/files/u802/Posi-Papiere/DLVD_Positionspapier.Nachteilsausgleich.pdf

EF Education First (2021). *Die 100 am häufigsten verwendeten Wörter auf Englisch.* Verfügbar unter https://www.ef.de/englisch-hilfen/englische-vokabellisten/100-worter/

e-traffix. Travelplus Group GmbH. (2001). *Gemeinsame Europäische Referenzrahmen für Sprachen (GER)*. Verfügbar unter https://www.europaeischer-referenzrahmen.de/index.php

Gerlach, D. (2019). *Lese-Rechtschreib-Schwierigkeiten (LRS) im Fremdsprachenunterricht*. Tübingen: Narr Francke Attempto Verlag GmbH + Co. KG.

Gerlach, D. (ohne Jahr). *Wordly – Englisch-Trainingskonzepte für legasthenie/lese-rechtschreibschwache Schüler*. Verfügbar unter https://www.wordly.de

Greene, R. W. (2019). *Verloren in der Schule*. Wie wir herausfordernden Kindern helfen können (2., überarb. Auflage). Bern: Hogrefe AG.

Hallet, W., Königs, F.G. &, Martinez H. (Hrsg.) (2020). *Handbuch Methoden im Fremdsprachenunterricht*. Hannover: Kallmeyer in Verbindung mit Klett, Friedrich Verlag GmbH.

Holenstein, K. (30.11. 2014). *Die vier Schritte der Birkenbihl-Methode*. [Film]. Verfügbar unter https://www.youtube.com/watch?v=qa8l-5Ut3uE

Hudson, J. (2021). *The Sound of English*. Verfügbar unter *https://pronunciationstudio.com/the-sound-of-english/*

I.D.L. Institut für Diagnostik und Lerntraining GmbH (2015). *Ursachen einer LRS (Legasthenie)*. Verfügbar unter https://idlweb.de/ursachen-einer-lrs-legasthenie/

Jonglierprofi GmbH (n.d.). *Jonglieren lernen mit dem Starjongleur*. Verfügbar unter http://www.starjongleur.ch/jonglieren-lernen-mit-3-baellen

König, E. & Gast, V. (2018). *Understanding English-German Contrasts. Grundlagen der Anglistik und Amerikanistik* (4., neubearb. Aufl.). Berlin: Erich Schmidt Verlag GmbH.

Lexico.com (2021). *Definition of holiday* [online]. Oxford University Press. Verfügbar unter https://www.lexico.com/definition/holiday

Mayer, A. (2016). *Lese-Rechtschreibstörungen (LRS)*. München: Ernst Reinhardt Verlag.

Michalak, M. & Rybarczyk, R. (Hrsg.) (2015). *Wenn Schüler mit besonderen Bedürfnissen Fremdsprachen lernen*. Weinheim und Basel: Beltz Juventa.

Reuter-Liehr, C. (2017). *Lautgetreue Lese-Rechtschreibförderung*. Band 4 (4., vollständig überarbeitete und erweiterte Auflage). Bochum: Verlag Dr. Dieter Winkler. S. 29–38.

Roters, B., Gerlach, D. & Esser, S. (Hrsg.) (2018). *Inklusiver Englischunterricht. Impulse zur Unterrichtsentwicklung aus fachdidaktischer und sonderpädagogischer Perspektive*. Münster, New York: Waxmann Verlag GmbH.

Schulte-Körne, G. & Thomé, G. (Hrsg.) (2011). *LRS – Legasthenie und Dyskalkulie: Stärken erkennen – Stärken fördern*. Bochum: Verlag Dr. Dieter Winkler.

Schulte-Körne, G. & Galuschka, K. (2019) *Lese-/Rechtschreibstörung (LRS)*. Göttingen: Hogrefe Verlag GmbH & Co. KG.

Surkamp, C. (Hrsg.) (2017). *Metzler Lexikon Fremdsprachendidaktik. Ansätze – Methoden – Grundbegriffe* (2. Aufl.). Stuttgart: Springer-Verlag GmbH.

Schulze Brüning, M.-A. (2011). *Handschriften in der Sekundarstufe I. DDS – Die Deutsche Schule, 103*(4), S. 362-378.

Williams Leppich, L. & Giancola-Bürer, C. (2018). *Open World 1 Coursebook*. Baar: Klett und Balmer Verlag

Williams Leppich, L. & Giancola-Bürer, C. (2018). *Open World 1 Language Companion*. Baar: Klett und Balmer Verlag

Wöske, H. (2019). *Easy English Lessons, Teaching Basics. Methodisch-didaktische Handreichung mit Unterrichtsmaterialien* (6. Auflage). Hamburg: Persen-Verlag.

Zeitschrift für Erziehungswissenschaft, Bildungspolitik und pädagogische Praxis (2011) 103(4), S. 362–378. Frankfurt am Main: Gewerkschaft Erziehung und Wissenschaft im DGB